Plagwitz gestern und heute

Das Dorf Plagwitz, 1831

Leipzig gehört heute zu den attraktivsten und am schnellsten wachsenden Städten Deutschlands. Es verdankt diese Position einem rasanten Wandel, der kaum anderswo so deutlich sichtbar ist wie im Leipziger Westen, der noch 1990 die von Kohlenruß und Industrielärm beherrschte Schmuddelecke der Stadt gewesen ist – und heute u. a. als Zentrum der »Neuen Leipziger Schule« weltweite Bekanntheit genießt.

Das Leipziger Land gehörte zur Germania Slavica, dem Raum, der im frühen Mittelalter von slawischen Völkern besiedelt war, ehe deutsche Kolonisten sich hier niederließen. Sprachliche Zeugnisse hierzu stellen altsorbische Ortsnamen dar, die heute häufig auf -itz enden. Der Name Plagwitz taucht sehr spät in der schriftlichen Überlieferung auf: 1412 als »Plachtewicz« und 1468 als »Plochtewitz«. Vermutlich lässt sich der Ortsname vom altsorbischen »plachta« für Tuch ableiten und bezeichnet eine »Siedlung am abgeteilten Flurstück«. Bis ins 19. Jahrhundert gehörte das kleine Dorf grundherrschaftlich und kirchlich zu Kleinzschocher – ein unscheinbares Gassendorf, in dem im Jahre 1858 nur 354 Menschen lebten. 1891 wurde es nach Leipzig eingemeindet.

Sächsische Wollgarnfabrik
Tittel & Krüger, 1886

Ein tiefgreifender Wandel setzte in der Mitte des 19. Jahrhunderts ein und ist eng mit dem Unternehmer Carl Heine verbunden. Als Heine 1888 starb, war die Einwohnerzahl von Plagwitz auf circa 13 000 gestiegen. Auf der kleinen Gemarkungsfläche von nur einem Quadratkilometer drängten sich 105 Industriebetriebe, in denen rund 6000 Menschen Arbeit fanden. An Branchen konzentrierten sich im Leipziger Westen vor allem die metallverarbeitende Industrie (Maschinenbau, Gießereien) und die Textilindustrie. Einige der Unternehmen erlangten später Weltgeltung (z. B. Rud. Sack, Mey & Edlich, Gebr. Brehmer, Sächs. Wollgarnfabrik).

Die treibende Kraft für die Frühindustrialisierung war Heine, der seit 1854 in Plagwitz Land aufkaufte und mit Erschließungsmaßnahmen begann. Eine wichtige Voraussetzung für die erfolgreiche Ansiedlung von Industriebetrieben bildete die Anbindung an die Bahnstrecke nach Zeitz und der Bau des ersten reinen Industriebahnhofs Europas 1873. In einem verzweigten Gleisnetz entstanden 37 Industrieanschlüsse und Ladestellen: eine Innovation, die für das Industriegebiet im Leipziger Westen einen erheblichen Standortvorteil bedeutete. Doch die einseitige Betonung der Industrie führte gleichzeitig zu einer starken Vernachlässigung der Lebensbedingungen.

Obwohl Plagwitz im Zweiten Weltkrieg vergleichsweise geringe Verluste an Wohngebäuden aufzuweisen hatte, galt bereits 1964 ein Drittel der Wohnbauten als unzumutbar, 20 Jahre später standen 2200 Wohnungen leer. Dennoch wurde nicht in den Wohnstandort investiert, vielmehr galt die Priorität dem weiteren Ausbau der Industrie. In der berühmten Fernsehdokumentation »Ist Leipzig noch zu retten?«, erstmals ausgestrahlt am 6. November 1989, beantwortete der damalige Leipziger Chefarchitekt die Frage, bezogen auf Plagwitz, mit einem klaren »Nein«. Die Lebensbedingungen schienen irreparabel, als einzige Lösung galt der »Freizug«, die Aufgabe des Stadtteils als Wohnstandort. Doch zu den frühen Folgen der Friedlichen Revolution zählte ein dramatischer Deindustrialisierungprozess. Von 18 000 industriellen Arbeitsplätzen 1989 in Plagwitz waren sechs Jahre später nur noch 1500 vorhanden.

Seitdem hat sich der arg geschundene Stadtteil in einer Anfang der 1990er Jahre kaum für möglich gehaltenen Weise positiv entwickelt. Die ersten Rahmenbedingungen für einen behutsamen Umbau beschloss die Stadt 1991 mit einer Erhaltungssatzung zum Schutz der Eigenart des Stadtraums. Durch die Festlegung eines 32 Hektar großen Sanierungsgebiets 1994, fünf Jah-

Bau des Karl-Heine-Kanals, im Hintergrund die König-Albert-Brücke und die Eisengießerei Kaspar Dambacher, um 1875

EXPO 2000

Unter dem Slogan »Mensch, Natur und Technik – eine neue Welt entsteht« fand von März bis Oktober 2000 die Weltausstellung in Hannover mit zahlreichen Projekten weltweit statt. Leipzig beteiligte sich mit vier Projekten unter dem Gesamtmotto »Den Wandel zeigen«. Für die Stadt bot sich die Möglichkeit, die EXPO als Initialzündung für den Stadtumbau und eine nachhaltige Stadtentwicklung zu nutzen. Hiervon profitierte vor allem Plagwitz. Von der Stadt moderiert und mit starker Bürgerbeteiligung, wurden unterschiedliche Möglichkeiten aufgezeigt, »Plagwitz auf dem Weg ins 21. Jahrhundert« Impulse zu geben.

re später auf 75 Hektar erweitert, konnten Investoren Städtebaufördermittel (bis 1999 circa 30 Millionen DM) generieren, vor allem die Stadt aber ihre Vorstellungen einer zukünftigen gemischten Flächennutzung unter möglichst weitgehender Erhaltung der Industriearchitektur durchsetzen. Bis Ende der 1990er Jahre waren viele der unter Denkmalschutz stehenden Industriebauten saniert und einer neuen Nutzung zugeführt, aber auch etwa zwei Drittel der gründerzeitlichen Wohnhäuser vor weiterem Verfall gesichert. Bemerkenswert, dass drei Viertel der Gebäudesanierungen von privater Hand ohne Fördermittel finanziert wurden.

Mit der Weltausstellung EXPO 2000 boten sich Leipzig neue Möglichkeiten des Stadtmarketings. Eines der Leipziger Projekte lautete »Plagwitz auf dem Weg ins 21. Jahrhundert« und sollte an 15 Beispielen (»Bausteinen«) den Wandel zeigen, Impulse für Stadtumbau und Stadterneuerung geben und den Strukturwandel in der Öffentlichkeit stärker sichtbar und erfahrbar machen. Auch wenn durch die EXPO keine direkten Fördermittel flossen, so konnte doch die Plagwitzer Bevölkerung aktiv an den Maßnahmen zur Revitalisierung beteiligt und nach außen die breite Öffentlichkeit und die überregionalen Medien für Plagwitz interessiert werden.

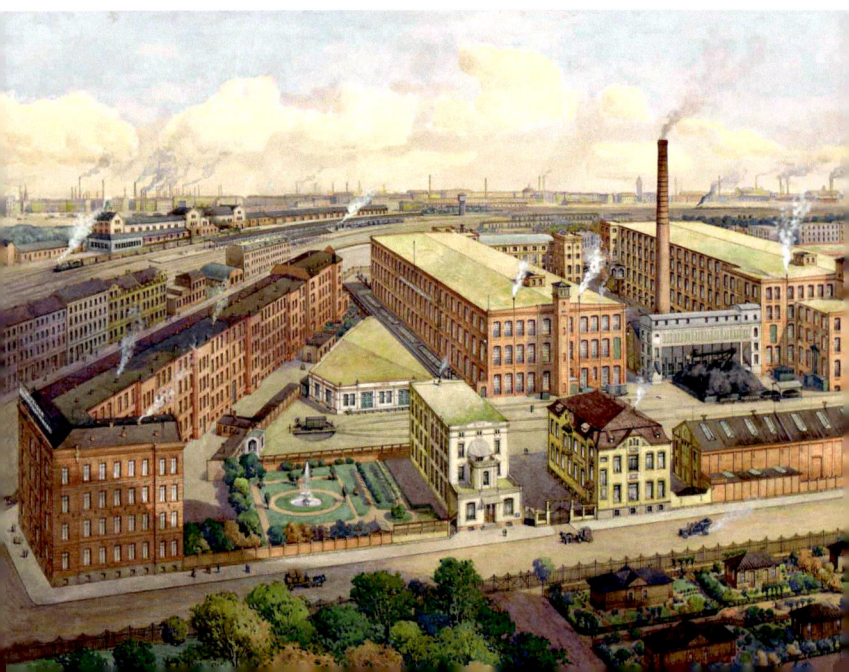

Für die Realisierung weiterer Maßnahmen des Stadtumbaus war die Aufnahme von Plagwitz in das EU-Förderprogramm URBAN II von Bedeutung: Im Zeitraum 2000–2007 flossen zehn Millionen Euro in Projekte zur Wirtschaftsförderung und Arbeitsplatzschaffung, zur Revitalisierung von Industriebrachen, zur Verbesserung des Wohnumfelds und für kulturelle Aktivitäten. Der Einsatz von Fördergeldern ermöglichte immer wieder wichtige Impulse und Anreize. Der eigentliche Erfolg des Stadtumbaus in Plagwitz zeigt sich allerdings ebenso in den zahlreichen privaten Initiativen, am Engagement der alteingesessenen und zugezogenen Bürger. Plagwitz hat sich zu einem bevorzugten Wohnstandort, vor allem für junge Familien, entwickelt, seit 2000 ist die Einwohnerzahl um etwa 8000 angestiegen. Durch zahlreiche Künstler, Kulturschaffende, Existenzgründer und innovative Gruppen mit alternativen Lebensmodellen ist der Stadtteil geradezu zu einem Synonym für ein kreatives Milieu und den Stadtumbau Ost geworden. Aus einem maroden Altindustriestandort mit ökologischen und sozialen Problemen haben sich ein beliebtes Wohngebiet und ein Zentrum der Kreativwirtschaft entwickelt. Zum zweiten Mal erfindet sich Plagwitz neu.

»Westbesuch«
Die Karl-Heine-Straße ist zwischen Felsenkeller und Westwerk wieder eine lebendige Magistrale mit zahlreichen Einkaufsmöglichkeiten und gastronomischen Einrichtungen. Diese Entwicklung war nicht abzusehen, als sich 2005 der Verein »Westbesuch« gründete, um der Straße und dem Viertel neues Leben einzuhauchen. Zu den Straßenfesten »Westbesuch« und »Westpaket«, die regelmäßig durchgeführt werden, kommen inzwischen 20 000 Besucher. Allerdings bringt die Aufwertung der Straße auch Verdrängungsprozesse mit sich.

Gesamtansicht der Leipziger Baumwollspinnerei, 1909

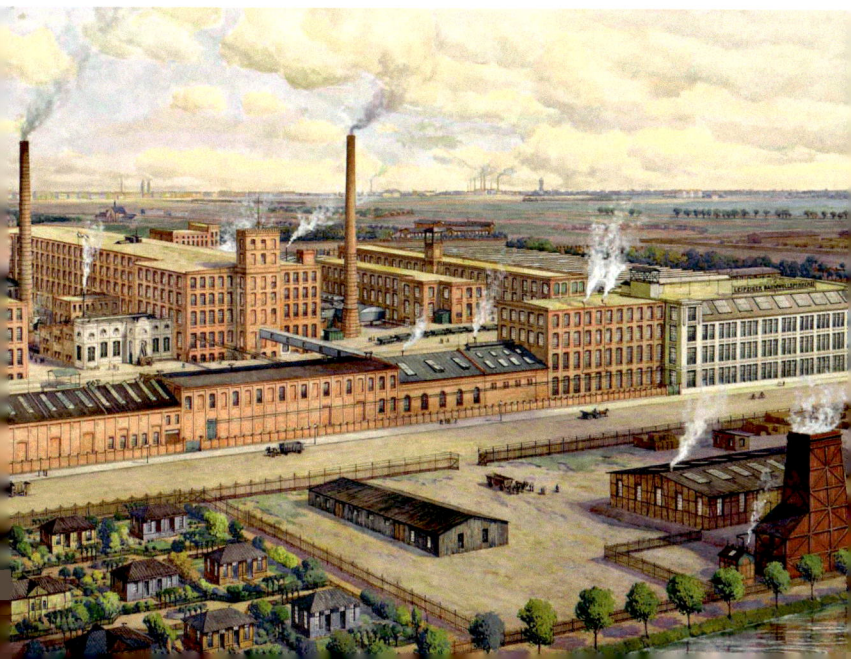

Carl Heine

1 | Karl-Heine-Denkmal

1819–1888, Unternehmer.
Durch Erbschaft gelangte
er 1842 an Reichels Garten,
den er bebauen ließ:
der Beginn der inneren
Westvorstadt. In Plagwitz
begann er 1856 mit dem
Bau des Elster-Saale-
Kanals. Seit 1873 verlegte
Heine von der Zeitzer Bahn
aus ein Netz von Güter-
gleisen und Ladestellen
und schuf dadurch eine
wichtige Voraussetzung für
den Industriestandort. Seit
1847 war Heine Mitglied
der Leipziger Stadtver-
ordnetenversammlung,
seit 1870 des Sächsischen
Landtags sowie 1874–1877
des Reichstags. Übrigens
schrieb sich Carl Heine immer mit C, dennoch lauten
alle heutigen Bezeichnun-
gen Karl Heine.

Es gebührt Carl Heine, dem »Erfinder« von Plagwitz, einen Gang durch den Stadtteil an seinem Denkmal zu be-
ginnen. Der Leipziger Bildhauer Carl Seffner (1861–1932),
der für viele Denkmale und Büsten in Leipzig verantwortlich war, entwarf 1896 die drei Meter hohe Bronzestatue
des Industriepioniers, die am Haupteingang zum Palmengarten aufgestellt wurde. Sie zeigt Heine mit zwei
typischen Attributen seines Wirkens, einer Spitzhacke
und Eisenbahnschienen. Die Festrede anlässlich der
Enthüllung am 20. April 1897 hielt Heines Freund, der
Lindenauer Arzt und Turnpionier Ferdinand Goetz. Als
man 1938 begann, das Gelände des Palmengartens für
die 1940 geplante, aber wegen des Krieges nicht zustan-
de gekommene Gutenberg-Ausstellung umzugestalten,
wurde das Heine-Denkmal auf die gegenüberliegende
Straßenseite versetzt. 1943 endete die Statue als »Metall-
spende des deutschen Volkes« im Schmelzofen. Seit 2001
schmückt ein originalgetreuer Nachguss auf dem alten
Granitsockel und am Standort von 1938 wieder den kleinen Platz an der Klingerbrücke über das Elsterflutbett
und an der Verbindungsstraße nach Leipzig, für deren
Verwirklichung Heine 20 Jahre lang gekämpft hatte.

Liebe Leserinnen und Leser,
vielen Dank, dass Sie sich für einen Lehmstedt Reiseführer entschieden haben. Wir freuen uns, Ihre Meinung zu erfahren. Bitte schreiben Sie uns, wenn Sie Anregungen, Empfehlungen oder Berichtigungen haben. Gut verwertbare Informationen belohnen wir mit einem kostenfreien Lehmstedt Stadtführer Ihrer Wahl! Vielen Dank!

Ich habe diese Karte folgendem Reiseführer entnommen:

_____

❑ Bitte senden Sie mir regelmäßig kostenfrei und unverbindlich die Kataloge Ihrer Neuerscheinungen zu.

Ich möchte gern folgende Bücher aus Ihrem Verlagsprogramm bestellen und bitte um Lieferung gegen Rechnung an die umseitig genannte Adresse.

Anzahl	Autor, Titel

Ab einem Bestellwert von 20 € ist die Lieferung innerhalb Deutschlands versandkostenfrei.

info@lehmstedt.de

Unsere Datenschutzerklärung finden Sie unter www.lehmstedt.de.

An den
Lehmstedt Verlag
Hainstraße 1
D–04109 Leipzig

Vorname und Name

Straße und Hausnummer

PLZ und Ort

E-Mail-Adresse

Datum und Unterschrift

2 | Klingerbrücke

Östlich des Heine-Denkmals verläuft das Elsterflutbett, das am Teilungswehr in Großzschocher von der Weißen Elster abzweigt und nach 3,6 Kilometern am Palmengartenwehr endet bzw. in das 1912–1922 errichtete Elsterbecken übergeht. Der Kanal, an dessen Realisierung Carl Heine beteiligt war, entstand seit Mitte des 19. Jahrhunderts, um der Hochwassergefahr zu begegnen, die versumpfte Aue trockenzulegen und somit neues Bauland zu gewinnen. Die nach Max Klinger benannte Brücke, auf der die Käthe-Kollwitz-Straße das Elsterflutbett überquert, ersetzte ab 1928 die abgebrochene »Pleißenflutbrücke«. Der Architekt Georg Wünschmann errichtete die Brücke im Stil der Neuen Sachlichkeit aus Stahlbeton und Bruchsteinmauerwerk.

3 | Palmengarten

Schräg gegenüber vom Denkmal führt der Weg in den Klingerhain, der durch die Klingerhain-Brücke über die Weiße Elster mit dem Hauptgelände des einstigen Palmengartens verbunden war. Dieser 22 Hektar große

»Ritterspürchen«
Auf manchen alten Karten findet man den Flurnamen »Ritterspürchen« im Bereich des heutigen Palmengartens. Mit dem Namen verbindet sich die Sage, dass zwei Ritter im 15. Jahrhundert hier um die Gunst einer gemeinsam umworbenen Schönen kämpften. Dabei gerieten sie zu dicht in das morastige Ufer der Weißen Elster, rutschten in den Fluss und ertranken an einer tiefen Stelle, die fortan als »Ritterloch« bezeichnet wurde. Noch heute sollen die Schatten der beiden Edelleute ruhelos durch die Gegend spuken und des Nachts zu sehen sein.

Im Palmengarten

Vergnügungspark war 1899 feierlich eröffnet worden. Das Gelände hatte sechs Jahre zuvor einer Internationalen Gartenbauausstellung gedient und war zu diesem Zweck vom Lindenauer Gärtnereibesitzer Otto Moosdorf in einen Landschaftspark umgestaltet worden. Anfang 1939 wurden bis auf einen kleinen Pavillon alle Gebäude gesprengt, darunter der Kuhturm an der Frankfurter Straße (Jahnallee) und das prächtige, dem Park seinen Namen gebende Palmenhaus. Auch wenn von dieser einstigen Pracht nichts geblieben ist, bildet der Palmengarten nach wie vor einen beliebten Naherholungsraum mit einem Teich, altem Laubbaumbestand, gewundenen Fußwegen und Brücken über die Elster und die Kleine Luppe.

4 | Villa Klinger

1891, im Jahr der Eingemeindung und drei Jahre nach Heines Tod, beschloss die Stadt, die bisherige Leipziger Straße in Plagwitz in Karl-Heine-Straße umzubenennen. Sie beginnt auf der über die Weiße Elster führenden Plagwitzer Brücke, die Heine 1858 zunächst als Holzbrücke hatte errichten lassen und zehn Jahre später durch einen Steinbau ersetzen ließ. Heute stoßen hier drei Ortsteile aneinander: Lindenau, Plagwitz und Schleußig. Die Karl-Heine-Straße entwickelte sich im 19. Jahrhundert zu einer wichtigen Geschäftsstraße im Leipziger Westen. Ihre historische Bebauung weist auf höchst unterschiedliche Sozialstrukturen hin – der östliche Straßenabschnitt vermittelt auf der nördlichen Seite durch mehrere Villen einen großbürgerlichen Eindruck.

Beim ersten Gebäude (Karl-Heine-Straße 2) handelt es sich um die Villa Klinger. Der Kaufmann Louis Klinger (1818–1896), Vater Max Klingers, ließ sie 1868 für seine Familie erbauen. Max Klinger hatte sich 1895 in der Nachbarschaft (Nr. 6) ein Atelier errichtet, wo er bis kurz vor seinem Tod lebte und arbeitete. Da dieses Gebäude im Zweiten Weltkrieg zerstört wurde, ist das Elternhaus der letzte authentische Wirkungsort des Künstlers in seiner Geburtsstadt. Nach einer Restaurierung nutzt der Verein »Klinger Forum« das Haus seit 2011 für öffentliche Kulturveranstaltungen und Ausstellungen. Auf dem Grundstück von Klingers Atelier errichtete die Neuapostolische Gemeinde 1954–1956 eine Kirche; in der Villa an der Straße (Nr. 8) haben die Siebenten-Tags-Adventisten seit 1951 ihr Gemeindehaus (»Adventhaus«).

Max Klinger
1857–1920, Maler, Grafiker und Bildhauer. Klinger gilt als Hauptvertreter des »Symbolismus« in Deutschland. Nach dem Kunststudium in Karlsruhe und Berlin lebte er in Paris, Brüssel, Berlin, München und Rom. 1895 bezog er ein neu errichtetes Atelier neben seinem Elternhaus in der Karl-Heine-Straße. 1897 wurde er zum Professor an der Akademie der Graphischen Künste ernannt, zehn Jahre später stellte der Leipziger Kunstverein erstmals sein Gesamtwerk aus. Zahlreiche seiner Plastiken, Büsten, Gemälde und Grafiken befinden sich im Besitz des Museums der bildenden Künste in Leipzig.

5 | Villa Sack

Schmidt & Johlige
Die Architekten August Hermann Schmidt (1858–1942) und Arthur Johlige (1857–1937) betrieben seit den 1880er Jahren ein gemeinsames Büro. Viele der aus dem Architekturbüro hervorgegangenen gründerzeitlichen Bauten prägen bis heute das Stadtbild: neben Gebäuden in Plagwitz (Villa Sack, Felsenkeller, Rudervereinshaus Sturmvogel) z. B. Zills Tunnel (1887/88), das Centraltheater (1901), das Geschäftshaus Franz Ebert am Thomaskirchhof (1902–1904, heute Commerzbank), der Königsbau am Augustusplatz, Ecke Grimmaische Straße (1910–1913) sowie mehrere Villen, vor allem im Musikviertel.

Ein prächtiges Palais (Karl-Heine-Straße 12) inmitten eines 6000 Quadratmeter großen Parkgrundstücks ließ sich Fritz Sack, Sohn des Firmengründers Rudolph Sack, 1909 vom bekannten Architektenbüro Schmidt & Johlige erbauen. Sie waren die Hausarchitekten der Familie Sack und entwarfen auch den Sackschen Park mit »Schloss« (heute Robert-Koch-Park). In den 1930er Jahren hatte die »Kameradschaft Schlageter« der Universität Leipzig ihren Sitz in der Villa. Zur Geschichte des Hauses gehört auch, dass die Gestapo hier 1940 ein Gefängnis einrichtete. Nach dem Krieg erhielt der VEB (Volkseigener Betrieb) Schwermaschinenbau S. M. Kirow die Villa als »Klubhaus der Freundschaft« zur Nutzung. Nach einer Komplettsanierung zog der 5. Strafsenat des Bundesgerichtshofs 1997 in das Neobarockpalais.

6 | Villen Karl-Heine-Straße (I)

In der benachbarten Villa (Karl-Heine-Straße 14), die sich durch ihren Landhausstil von den übrigen Villen abhebt, unterhält das älteste sächsische Studentencorps Lusatia (gegründet 1807) seit 2005 ein Wohnheim (»Lausitzer-haus«). Die Villa Nr. 16 ist ein Bau von Fritz Schade aus dem Jahr 1889, der aus dem Erbe Ernst Meys in den Besitz Curt Bergers (1869–1948) gelangte. Berger war Schwiegersohn Meys und übernahm nach dessen Tod 1903 das Unternehmen Mey & Edlich. Zwischen 1949 und 1993 diente das mondäne Wohnhaus dem in der DDR renommierten VEB Fachbuchverlag als Verlagssitz.

Villa Karl-Heine-Straße/
Forststraße 2

In der benachbarten Villa Nr. 20 aus dem Jahr 1886 wohnte der Kaufmann Kommerzienrat Theodor Habenicht (1846–1929). Er war der Schwager von Otto Steche, der 1859 gemeinsam mit Carl Heine die chemische Fabrik Heine & Co. in der Schreberstraße gegründet hatte; 1875 trat Habenicht als Teilhaber in die Firma ein, seit 1922 war er Ehrenmitglied der Leipziger Handelskammer.

Das Wohnhaus Nr. 22 aus dem letzten Viertel des 19. Jahrhunderts gehörte ebenfalls einem Fabrikanten: Der Chemiker Friedrich Adolph Sieglitz (1839–ca. 1934) hatte 1876 mit dem Kürschner Friedrich Erler (1820–1898) die Rauchwarenfärberei F. A. Sieglitz & Co. gegründet, die 1881 nach Plagwitz in die Nonnenstraße 7 verlegt wurde. Die für das Färben von Fuchsschweifen berühmte Fabrik siedelte 1910 nach Lindenau in die Angerstraße 30 um, wo die Gebäude heute noch vorhanden sind.

Villa Karl-Heine-Straße 24

7 | Gymnasium am Palmengarten

Hubert Ritter
1886–1967, Architekt.
Ritter gilt als der bedeutendste und innovativste Stadtplaner Leipzigs im 20. Jahrhundert. In den Jahren seiner Tätigkeit als Stadtbaurat (1924–1930) entwickelte sich Leipzig zu einer modernen Großstadt. Der von ihm konzipierte erste Generalbebauungsplan mit einer »Ringcity« und »Turmhäusern« (Europahaus) war weitsichtig angelegt und beeinflusst die Leipziger Stadtplanung bis heute. Unter seiner Regie entstanden zahlreiche öffentliche Gebäude wie Schulen, Krankenhäuser und Museen. In den Stadtteilen prägen viele seiner Wohnsiedlungen das Bild, am bekanntesten ist der »Rundling« in Lößnig.

Zurückversetzt hinter der Villa Sieglitz befindet sich ein Schulkomplex aus dem Jahr 1929. Sie ist eine der drei von Hubert Ritter konzipierten Schulen im Bauhausstil, mit denen er den »Leipziger Schultyp« als baulichen Ausdruck eines reformpädagogischen Programms realisierte. Die drei Flügelbauten der Schule werden durch einen zweigeschossigen Flurbau, der ebenerdig ein offener Arkadengang ist, verbunden. Rechts daneben befindet sich der Verwaltungstrakt, in dem auch der naturwissenschaftliche Unterricht stattfand. Getrennt von den Klassengebäuden entstanden zwei parallele Turnhallen, die als öffentliche Einrichtungen Sportvereinen und kulturellen Veranstaltungen zur Verfügung standen. Sie waren durch eine mobile Trennwand geteilt, sodass man sie bei Bedarf zusammenlegen konnte. Die Schulgebäude gruppierten sich um einen 50 x 100 Meter großen Innenhof; auf den Erhalt der alten Bäume legte Ritter großen Wert. Terrassen und die begehbaren Flachdächer waren für Freiluftunterricht vorgesehen. Das Schulgelände wird von der Kleinen Luppe umflossen. Seit 1951 befanden sich in der Schule Lehrerbildungseinrichtungen. Zum Schuljahr 2021/22 eröffnete darin ein neues Gymnasium.

8 | Villen Karl-Heine-Straße (II)

Die den Villen gegenüber gelegene südliche Straßenseite der Karl-Heine-Straße weist eine heterogene Bebauung auf. Es überwiegen drei- und vierstöckige Mietshäuser aus der Gründerzeit, dazwischen findet man vereinzelt ältere Wohnhäuser: z. B. Nr. 15 errichtet um 1870, Nr. 19 um 1860, Nr. 21 um 1875. Auch hier residierten mehrere Industrielle in mondänen Villen, z. B. in Nr. 25 Max Billhardt, Besitzer einer Drahtstiftfabrik, sowie in Nr. 27 Ferdinand Kunad, Eigentümer einer Werkzeugmaschinenfabrik. Seit den 1960er Jahren hatte der Deutsche Verlag für Grundstoffindustrie in der Villa seinen Sitz. Dazwischen, in einer Mietvilla mit markantem Dachturm (Nr. 25b), die sich die AOK Leipzig um 1905 errichtet hatte, wohnte zwischen den beiden Weltkriegen Robert Hoppe, Besitzer einer Röhrenfabrik in der Naumburger Straße 42.

Villa Karl-Heine-Straße 27

Westlich der Erich-Zeigner-Allee setzen sich die Fabrikantenvillen fort: In der Karl-Heine-Straße 31 wohnte Richard Flügel, der 1879 die Gummiwarenfabrik Flügel & Polter gegründet hatte. Die prächtige Villa Nr. 33 ließ sich Wilhelm Frosch, Begründer der Eisenhochbaufirma Grohmann & Frosch in der Weißenfelser Straße 1890 erbauen.

Villa Karl-Heine-Straße 33

1813–1883, Komponist und Dramatiker. 1813 in Leipzig geboren, ging Wagner hier zur Schule (1817–1822/1828–1830) und besuchte 1831–1833 die Universität. Nach vielen Jahren der materiellen Not, zudem nach seiner Teilnahme an der Revolution von 1848/49 politisch verfolgt, gab ihm erst 1864 König Ludwig II. von Bayern Sicherheit. Mit seinen Musikdramen gilt er als bedeutendster Erneuerer der Musik im 19. Jahrhundert. Seine als Gesamtkunstwerke konzipierten Opern (u. a. »Meistersinger von Nürnberg«, »Lohengrin«, »Siegfried«, »Tristan und Isolde«) beeinflussten die Kunst und Philosophie weit über seine Lebenszeit hinaus.

9 | Wagner-Nietzsche-Villa

Das 1904 fertiggestellte Jugendstil-Eckhaus Karl-Heine-Straße 24b wird neuerdings als Wagner-Nietzsche-Villa bezeichnet, nachdem sich bei Restaurierungsarbeiten herausstellte, dass am und im Haus ein durch seine kraftvolle Ornamentik beeindruckendes Bildprogramm vorhanden ist, das Richard Wagner und Friedrich Nietzsche huldigt. Das Grundstück hatte der Kaufmann Julius Heinrich Moritz Schomburgk 1859 von Carl Heine erworben. Durch Erbschaft gelangte es an seine Tochter Marie Julie Hillig und deren Sohn Curt Hillig. Dieser besaß seit 1893 eine Anwaltskanzlei in Leipzig, die sich auf Urheber- und Verlagsrechtsfragen spezialisierte. Als der Großverlag Bibliographisches Institut 1915 in eine Aktiengesellschaft umgewandelt wurde, übernahm Hillig den Vorsitz des Aufsichtsrates.

Die Ecksituation des Hauses wird durch einen Erkerturm bestimmt, während die Front an der Erich-Zeigner-Allee im Obergeschoss Fachwerk mit einem Krüppelwalmdach aufweist. Das Besondere ist die Bildsprache, mit der der Architekt Theodor Paul Klotzsch das Haus ausschmückte. Die Motive deuten auf Nietzsches Werk »Also sprach Zarathustra« und Wagners »Ring des Nibelungen« hin.

10 | Villen Erich-Zeigner-Allee (I)

Villa Erich-Zeigner-Allee 11

Die Erich-Zeigner-Allee hieß ursprünglich im Plagwitzer Abschnitt Canalstraße, weil sie über die älteste Brücke (Elisabethbrücke 1858) den Karl-Heine-Kanal quert. Seit 1949, dem Todesjahr des in der Straße lebenden sozialdemokratischen Politikers Erich Zeigner, trägt die Straße ihren heutigen Namen. Wie in der Karl-Heine-Straße dominieren auch hier Villen, in denen Kaufleute, Unternehmer und Fabrikanten wohnten.

Das erste Haus auf der rechten Seite (Nr. 15), eine Mietvilla aus dem Jahr 1859, gehörte der bereits erwähnten Familie Hillig. In ihm wohnte die Tochter Curt Hilligs, Hildegard, die Friedrich Robert Gontard geheiratet hatte. Dessen Vater war Friedrich Wilhelm Gontard, der 1889 eine Seifenfabrik gegründet hatte (Gontard & Henny, Naumburger Straße 10). Die Gontards waren eine weit verzweigte hugenottische Bankiers- und Kaufmannsfamilie, die seit 1839 das Rittergut Mockau besaß.

Direkte Nachbarn der Gontards waren Otto bzw. Arthur Erler, die Mitbesitzer der Lindenauer Rauchwarenfärberei F. A. Sieglitz, deren Wohnhaus nicht mehr steht. Seit 1995 erhebt sich auf dem Grundstück Nr. 13 ein viergeschossiges Wohn- und Geschäftshaus. In den weiteren Häusern

Friedrich Nietzsche
1844–1900, Philosoph und Philologe. Aufgewachsen in Naumburg, studierte Nietzsche 1865–1868 in Leipzig, wo er 1869 in Abwesenheit zum Dr. phil. promoviert wurde. In Leipzig fand 1868 die sein Leben verändernde erste Begegnung mit Richard Wagner und dessen späterer Frau Cosima statt. 1869–1879 wirkte er als Professor in Basel, danach als freier Philosoph. Ab 1889 psychisch schwer erkrankt, erlebte er den Beginn seines Weltruhms als der wohl einflussreichste Philosoph der Neuzeit nicht mehr.

Villen Karl-Heine-Straße 26a/26 und Erich-Zeigner-Allee 14 (v.l.n.r.)

auf der östlichen Straßenseite wohnten Rudolf Leonhardt (Nr. 11, erbaut 1867), Besitzer einer Holzbearbeitungsmaschinenfabrik in der Klingenstraße, der Verlagsbuchhändler Robert J. Klinkhardt (Nr. 9, erbaut um 1880), seit 1898 alleiniger Inhaber des pädagogischen Fachverlags Julius Klinkhardt, und Wilhelm Frieß (Nr. 7), seit 1919 Direktor des Druckmaschinenwerks Kohlbach & Co. am Karl-Heine-Kanal in Lindenau. Die Villa Klinkhardt kaufte nach dem Ersten Weltkrieg Hermann Traugott Fritzsche, Mitinhaber der chemischen Schimmelwerke in Miltitz. Die Nutzung des Gebäudes überließ er einem jüdischen Kinderheim (»Jedidja«), nach dessen Schließung 1934 die Diakonissen das Haus übernahmen. Heute hat hier eine gemeinnützige Gesellschaft ihren Sitz.

11 | Villen Erich-Zeigner-Allee (II)

Auch auf der westlichen Straßenseite war die Sozialstruktur vor dem Zweiten Weltkrieg gehoben, die Architektur entsprechend mondän. Im Doppelmietshaus Nr. 8/10 wohnte Gustav Schortmann. Er hatte 1868 eine Metallwarenfabrik gegründet, in der unter anderem Pianofortebestandteile und elektrotechnische Spezialartikel

hergestellt wurden. Der Betrieb, der seit 1872 auf dem benachbarten Grundstück Nr. 12 produzierte, siedelte 1898 an die Naumburger Straße 36 über. Nach dem Produktionsende entstand hier in der Elisabethallee an gleicher Stelle um 1910 eine Mietvilla, in der vor 1920 gleich mehrere Fabrikbesitzer als Bewohner nachgewiesen sind.

Villa Erich-Zeigner-Allee 12

In der besonders prächtigen, um 1910 errichteten Villa Nr. 14 residierte Richard Barth, Gründer und Besitzer der Leipziger Spitzenfabrik in der Naumburger Straße. Heute firmiert das Haus als »Villa am Palmengarten« und dient der Lebenshilfe Leipzig als Wohnheim. Nicht minder repräsentative Wohnpalais aus dem ersten Jahrzehnt des 20. Jahrhunderts schließen sich zur Karl-Heine-Straße an, auch sie gehörten Fabrikanten: Nr. 26 Georg Reschke, dem Mitinhaber der Blechwarenfabrik Felix Lasse; Nr. 26a Franz Graff, dem Besitzer der Lindenauer Maschinenfabrik Reinhold Wünschmann. Unter den Mietern finden sich mehrere Fabrikbesitzer, darunter der Rauchwarenfärber Alfred Herzog (Nr. 26) und Albert Iseler (Nr. 26a), Besitzer des Armaturenwerks Schumann & Köppe. Auf dem freien Eckgrundstück zur Zschocherschen Straße, wo bis 2004 ein Bankgebäude von 1890 stand, wurde 2020 das »Memorial am Felsenkeller« eingeweiht, das an die letzten Toten des Zweiten Weltkrieges erinnert.

Carl Wilhelm Naumann
1792–1876, Unternehmer.
Zu den ersten Ansied-
lungserfolgen Heines in
Plagwitz zählte die Brau-
erei C. W. Naumann, die
1857 ein Grundstück an der
Zschocherschen Straße 79
erwarb, auf dem seit 1864
Bier gebraut wurde. Von
der Brauerei sind heute
nur noch wenige bauliche
Reste vorhanden (siehe
S. 42). Die Anfänge der
Brauerei reichen ins Jahr
1828 zurück, als Naumann
die Stadt-Brauerei in der
Emilienstraße pachtete.
Von 1835 bis zur Verla-
gerung nach Plagwitz
braute er sein Bier in der
Kleinen Funkenburg.
Unter dem Sohn und
Nachfolger Carl Ferdinand
Theodor Naumann kam
als weiterer Brauereiaus-
schank 1877 »Zills Tunnel«
im Barfußgäßchen
hinzu. In der DDR trug die
Brauerei den Namen VEB
Westquell, 1959 erfolgte
der Zusammenschluss mit
zwei weiteren Leipziger
Brauereien zum VEB
Sachsenbräu.

12 | Felsenkeller

www.felsenkeller-leipzig.com

An der Kreuzung der Karl-Heine-Straße mit der Zscho-
cherschen Straße befindet sich eines der bekanntesten
Plagwitzer Gebäude: der (neue) Felsenkeller. Einige
Meter entfernt hatte der Brauereibesitzer **Carl Wilhelm
Naumann** 1844 an der Zschocherschen Straße 12 eine
Gaststätte gleichen Namens eröffnet. Der Name rühr-
te von den Kellern her, in denen er sein Bier kühl lagern
konnte. Dieses Gebäude wurde 1943 zerstört, in den Kel-
lergewölben richtete sich in den 1960er Jahren das FDJ-
Klubhaus »Victor Jara« ein.

Im Auftrag der Brauerei errichtete das Architektenbüro Schmidt & Johlige 1890 einen neuen Felsenkeller am
heutigen Standort. Neben einem großen Ballsaal, in dem
1000 Besucher Platz fanden, entstand in neobarocken
Formen ein mit einer Kuppel versehener Eckturm. Umgeben wurde der Gebäudekomplex von einer ausgedehnten
Gartenanlage. Schon bald entwickelte sich der Felsenkeller zum Versammlungsort der Leipziger Arbeiterbewe-
gung. Auf einem Parteitag Ende März 1946 beschloss die
Leipziger SPD im Felsenkeller den sofortigen Zusammenschluss mit der KPD zur SED. Nach der Schließung des
gastronomischen Betriebs 1989 konnte keine dauerhafte
Nutzung gefunden werden. Seit einigen Jahren bemüht
sich eine Betreibergesellschaft um eine behutsame Sanierung des traditionsreichen Gebäudes. Inzwischen ist
der Felsenkeller mit dem »Naumanns«, einem Biergarten
und den Veranstaltungen im Ballsaal wieder zu einem
beliebten Treffpunkt im Leipziger Westen geworden.

13 | Erich-Zeigner-Haus

Geöffnet zu Veranstaltungen oder auf Anfrage
Tel. 0341 8 70 95 07

Erbaut um 1860, zählt das Wohnhaus Zschochersche
Straße 21 zu den ältesten von Plagwitz. 1909 zogen hier
die Eltern Erich Zeigners ein; der Politiker lebte hier bis
zu seinem Tode 1949. Seine Wohn- und Arbeitsräume

Georg Maurer

1907–1971, Schriftsteller. Maurer stammte aus Siebenbürgen und kam 1926 nach Deutschland. Nach dem Studium arbeitete er unter anderem für die »Neue Leipziger Zeitung«, nach 1945 für den Rundfunk. 1955 wurde er Dozent, 1961 Professor am Deutschen Literaturinstitut »Johannes R. Becher« der Universität Leipzig. Seine Seminare zur Lyrik prägten eine Generation junger Schriftsteller, die sog. »Sächsische Dichterschule«, zu der u. a. Volker Braun, Heinz Czechowski, Adolf Endler, Rainer und Sarah Kirsch gezählt werden. Für sein Werk erhielt er zahlreiche Auszeichnungen, darunter 1965 den Nationalpreis der DDR.

mit einer rund 3500 Bände umfassenden Bibliothek sind original erhalten und werden von einem 1999 gegründeten Verein betreut, der auch eine Gedenktafel anbringen ließ. Eine zweite Tafel erinnert an Johanna Landgraf, die Sekretärin Zeigners, die nach dem Tod der Witwe Annemarie (1982) das Erbe Zeigners in dessen Wohnhaus pflegte. Landgraf war selbst politisch aktiv gewesen und hatte während des Zweiten Weltkriegs Juden und Verfolgte vor der Deportation gerettet.

14 | Bibliothek Plagwitz

Neben den Kellergewölben des alten Felsenkellers befindet sich ein sehenswertes Gebäude im Bauhausstil: die Bibliothek Plagwitz, errichtet 1929 nach Entwürfen des Leipziger Architekten Otto Fischbeck. Ein Plan des Direktors der Leipziger Stadtbibliothek Walter Hofmann aus dem Jahr 1913 hatte den Bau von vier öffentlichen Büchereien außerhalb der Innenstadt vorgesehen. Nachdem bereits im Osten, Süden und Norden der Stadt »Bücherhallen« eröffnet worden waren, bildete der Neubau der Bibliothek in der Zschocherschen Straße 14 den Abschluss des Hofmannschen Plans. Das

unter Denkmalschutz stehende Gebäude wurde 2016 grundlegend saniert. Heute ist die Bibliothek, die seit 1977 den Namen Georg Maurers trägt, eine von 15 Stadtteilbibliotheken in Leipzig.

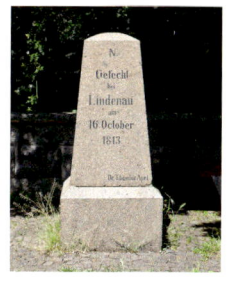

15 | Karl-Heine-Platz

Zwischen den Hausnummern 38 und 40 öffnet sich die Bebauung an der Karl-Heine-Straße zu einer kleinen Grünfläche, die sich im Norden bis zur Aurelienstraße erstreckt. Hier, an der Gemarkungsgrenze, bestatteten die Lindenauer zwischen 1844 und 1866 ihre Toten, weshalb sich in der Bevölkerung der Name »Knochenplatz« gehalten hat. Ende des 19. Jahrhunderts erfolgte die Anlage eines Schmuckplatzes, der 1904 den Namen Carl Heines erhielt. 1908 wurde eine Kopie des Apelsteins Nr. 23 (»Bertrandstein«) an der Südostecke des Platzes aufgestellt. Das Denkmal aus Granit erinnert an das Gefecht bei Lindenau am 16. Oktober 1813, bei dem das französische IV. Corps unter General Henri-Gatien Bertrand (1773–1844) kämpfte. 1996 gestaltete man die Anlage zu einem modernen Stadtteilpark um. In der Mitte des Parks steht die Plastik »Die Musikanten«.

Als **Apelsteine** bezeichnet man 50 nummerierte Denkmäler in Leipzig und Umgebung, die an Ereignisse und Personen während der Völkerschlacht 1813 erinnern. Ihren Namen tragen sie nach dem Schriftsteller Theodor Apel (1811–1867), der die ersten 44 Steine aus Sandstein auf eigene Kosten 1861–1864 aufstellen ließ. Die meisten Apelsteine sind inzwischen durch Kopien aus härterem Material ersetzt.

Ehem. Kaufhaus Joske
Rechts: Ehem. Joseph-
Konsum

Max Joske

1859–1933, Kaufmann.
Michaelis (»Max«) Joske
stammte aus Birnbaum
(Posen). 1898 übernahm er
das Textilwarengeschäft
Gebr. Joske & Co., das seine
beiden Brüder Paul und
Ison drei Jahre zuvor in der
Windmühlenstraße 4–12
(im Krieg zerstört) eröffnet
hatten. 1904 überließ
er das Kaufhaus seinem
Geschäftspartner Marcus
Schmoll und widmete
sich seinem neuen
Unternehmen in Plagwitz.
Um 1910 trat sein Sohn
Julius (1886–1966), 1920
auch der zweite Sohn
Hans (1888–1948) in die
Geschäftsleitung ein, aus
der sich der Vater 1924
ganz zurückzog. Max
Joske musste die Tragödie
seiner Familie nicht mehr
erleben: Sein Bruder Paul
starb im KZ Theresien-
stadt, seinem Sohn Julius
und seiner Frau Johanna
gelang die Flucht nach
Haifa.

16 | Ehem. Kaufhaus Joske

Auf der gegenüberliegenden Straßenseite steht neben einem ehemaligen Fabrikgebäude (Karl-Heine-Straße 41)
aus dem Jahr 1886, in der sich die Buchdruckerei Emil
Stephan befand, ein Gebäudekomplex, der durch spätere Umbauten nichts mehr von seinem einstigen Glanz
als dem bedeutendsten Warenhaus in Plagwitz erahnen
lässt. Max Joske ließ 1904 das erste Kaufhaus in Plagwitz
errichten, das 1912 und 1927–1929 erweitert wurde und
schließlich die Häuser Karl-Heine-Straße 43–45 und
Walter-Heinze-Straße 3 einnahm. Die nationalsozialis-
tische Hetze gegen jüdische Geschäfte hatte zur Folge,
dass das Kaufhaus M. Joske & Co. 1934 Konkurs anmelden musste und zwangsversteigert wurde. Einige Fami-
lienangehörige konnten emigrieren, andere wurden in
Konzentrationslagern ermordet. Seit 2008 bemüht sich
eine Gruppe von Künstlern, die Geschichte des weiterhin
unsanierten Hauses wieder sichtbar zu machen. Nachdem sich mehrere Jahrzehnte lang ein Autoteilehandel
im Gebäude befunden hat, ist 2015 mit einem Bioladen
wieder der Einzelhandel eingezogen.

17 | Ehem. Joseph-Konsum

Architektonisch interessanter als das ehemalige Kaufhaus Joske ist der sogenannte Joseph-Konsum (Karl-
Heine-Straße 46). Der Konsumverein Leipzig-Plagwitz
und Umgebung ließ das Haus 1912 errichten, um hier
seinen Warenverkauf in einem großzügigen Gebäude
zu konzentrieren und kleinere Verkaufsstellen schließen zu können. Als Architekt beauftragte die Genossenschaft Emil Franz Hänsel, der zuvor bereits das Kaufhaus
Brühl (später »Blechbüchse«) entworfen hatte. Hänsel
war auch verantwortlich für Erweiterungsbauten an der
Josephstraße in den Jahren 1913 und 1929/30. Nach der
Gründung des Zentralen Handelsunternehmens »Kon-
sument« 1965 wurde der Joseph-Konsum bis 1990 fortgeführt. Endgültig schloss das Kaufhaus, zuletzt eine
»Horten«-Filiale, 1992. Heute befinden sich im Gebäude
unterschiedliche Nutzungen, darunter im hinteren Teil
seit 1995 der »Joseph-Pub«.

Emil Franz Hänsel
1870–1943, Architekt. Mit mehr als 500 Gebäuden gilt Hänsel als der produktivste Architekt Leipzigs in den ersten Jahren des 20. Jahrhunderts. Seine Spezialität waren Geschäftshäuser, für die er sehr unterschiedliche Bauformen fand. Zu den erhaltenen Hänsel-Bauten zählen Specks Hof, der Zentralmessepalast und das König-Albert-Haus, die Hotels Continental (heute »Victor's«) und Fürstenhof. Für den Pianohersteller Ludwig Hupfeld entwarf er die Villa in der Lumumbastraße und die Fabrik in Böhlitz-Ehrenberg. Hänsel trat auch als Architekt zahlreicher Villen und Wohnhäuser auf, darunter sein eigenes Domizil in der Christianstraße 1.

Spielplan und Tickets unter www.schaubuehne.com oder Tel. 0341 48 46 20

Auch der dem Joseph-Konsum benachbarte Gebäudekomplex ist ein Werk **Emil Franz Hänsels**. Auf dem Grundstück hatte bereits seit den 1870er Jahren eine Gaststätte mit Ballsaal existiert, die Hänsel 1899/1900 erweiterte. Seit 1904 hieß die Einrichtung »Schloss Lindenfels«, geboten wurden Konzert- und Theaterveranstaltungen, später auch Kinovorführungen. Im Hänsel-Anbau in der Hähnelstraße 27 (»Lindenfels Westflügel«) wurden zwischen 1939 und den 1970er Jahren Ofenrohre produziert, im Gebäudeteil an der Karl-Heine-Straße befand sich bis Ende der 1980er Jahre ein Kino. Unter schwierigen finanziellen Bedingungen und mehrfach vor dem Aus stehend, ist das Lindenfels seit 1994 als Schaubühne wieder ein Ort der Kunst und Kultur. Der Ballsaal dient kulturellen Veranstaltungen. Im Vorderhaus an der Karl-Heine-Straße befinden sich Gastronomie und Theater, die Kinotradition wird im »Grünen Salon« fortgeführt. Getragen wird das Kulturzentrum von einer gemeinnützigen Aktiengesellschaft, der mehr als 1300 Aktionäre angehören.

19 | Westwerk

www.westwerk-leipzig.de

Unter dem Namen »Westwerk« (Karl-Heine-Straße 93) hat sich in einer alten Industriebrache seit 2007 ein erstaunlicher Wandel vollzogen. Wo einst Armaturen gegossen wurden, ist eine neue Erlebniswelt entstanden. Zu den Nutzern des weitläufigen Areals am Karl-Heine-Kanal zählen Kunsthandwerker und Kulturschaffende, Sport- und Freizeitanbieter, gastronomische Betriebe, Dienstleister, Einzel- und Fachhandel. Bei einer Werksführung können Besucher nicht nur die Vielfalt der heutigen Nutzung erfahren, sondern auch die Industriegeschichte der Gebäude.

Kaspar Dambacher hatte 1872 auf dem Grundstück eine kleine Gießerei eröffnet, deren parallel zum Kanal stehendes Gebäude noch existiert. Zehn Jahre später übernahmen Schumann & Köppe die Gießerei. Die Firma, die seit 1891 Albert Iseler gehörte, spezialisierte sich auf die Produktion von Armaturen. Bereits 1900 beschäftigte das Unternehmen 140 Arbeiter, und ein zweites Werk wurde in Leutzsch gegründet. In den folgenden Jahrzehnten expandierte der Betrieb durch An-

Gentrifizierung
Die Eröffnung eines »Konsums« im Westwerk im April 2019 führte zu Konflikten in der Bevölkerung und zu einem Anschlag, bei dem Fensterscheiben zu Bruch gingen. Einmal mehr stand der Begriff der »Gentrifizierung« im Raum. Hierunter versteht man den sozialen Wandel eines Stadtviertels durch bauliche Aufwertung, häufig verbunden mit einem schleichenden Austausch der Wohnbevölkerung. Die Ursachen solcher Verdrängungsprozesse liegen im Zuzug von Menschen bzw. dem sozialen Aufstieg der ortsansässigen Bevölkerung, der damit verbundenen Verknappung von günstigem Wohnraum und dem Anstieg der Bodenpreise begründet.

Nach der Kapitulation des Deutschen Reiches 1945 wurden in der Sowjetischen Besatzungszone alle Großbetriebe enteignet. In den ersten Nachkriegsmonaten demontierte die Sowjetunion zahlreiche Betriebe und verfrachtete die Industrieanlagen als Reparationsleistungen in die UdSSR. Am 5. Juni 1946 änderte die Besatzungsmacht ihre Reparationspolitik: Mit Befehl Nr. 167 der Sowjetischen Militäradministration in Deutschland wurden ca. 200 Sowjetische Aktiengesellschaften (SAG) gebildet, in denen etwa 300 000 Beschäftigte arbeiteten. Die Betriebe gehörten der Sowjetunion, ihre Produktion musste vollständig oder teilweise abgeliefert werden. Nach und nach wurden die SAG der DDR zurückgegeben, die letzten am 1. Januar 1954, und als Volkseigene Betriebe (VEB) fortgeführt.

kauf und Pacht benachbarter Flächen, so z. B. 1936, als das Areal des Straßenbahndepots Plagwitz übernommen wurde. Noch heute ist die Wagenhalle des 1881 bis 1926 genutzten Depots erhalten. Nach dem Zweiten Weltkrieg, in dem Schumann & Co. in die Rüstungsproduktion eingebunden war, wurde der Betrieb in eine **Sowjetische Aktiengesellschaft** umgewandelt. Seit 1954 firmierte der Betrieb als VEB Industriearmaturen und Apparatebau, der schließlich 1970 in das Kombinat Magdeburger Armaturenwerke »Karl Marx« (MAW) integriert wurde. In den 1960er Jahren galt das Werk als modernste Gießerei der DDR, auf dem Betriebsgelände, das sich bis zur Weißenfelser Straße ausdehnte, arbeiteten bis zu 1000 Beschäftigte.

20 | Philippuskirche

An der Kreuzung der Helmholtz- mit der Aurelienstraße befindet sich die Philippuskirche. Als die Einwohnerzahl Lindenaus im Zuge der Industrialisierung immer stärker anwuchs und schließlich fast 50 000 erreichte, entschloss man sich zur Teilung der evangelisch-lutherischen Pfarrei und errichtete die Philippuskirche für den südlichen Bereich des Stadtteils mit ca. 18 000 Kirchenmitgliedern. Nach Plänen des Architekten Alfred Müller entstand die Kirche 1907–1910 mit einem 63 Meter hohen Turm.

Der Grundriss der Philippuskirche ist kreuzförmig, der Innenraum weist aber einen Zentralraum auf. Damit folgt sie als einzige Kirche in Mitteldeutschland dem »Wiesbadener Programm«. Zum Bauensemble gehört ein an den Turm angebautes Pfarrhaus mit dazwischen liegenden Gemeindesaal. Dringend notwendige Sanierungen nach 1990 betrafen vor allem das Dach und die Außenwände. Nach dem Zusammenschluss mit der Heilandskirche Plagwitz zur Kirchgemeinde Lindenau-Plagwitz 1999 diente die Philippuskirche nur noch selten Gottesdiensten. 2012 übernahm die BBW-Leipzig-Gruppe das denkmalgeschützte Ensemble. Im Pfarrhaus eröffnete 2018 ein Inklusionshotel, in dem Menschen mit und ohne Beeinträchtigungen arbeiten. Die Kirche dient seit 2019 v. a. kulturellen Veranstaltungen. Seit 2021 erklingt die historische Jehmlich-Orgel nach umfassender Sanierung wieder.

21 | Helmholtzschule

Gleich neben der Philippuskirche steht ein für die Gründerzeit typischer Schulbau, die Helmholtzschule, die
1901 als IV. Realschule eröffnet und 1905 um einen gym-
nasialen Zug erweitert wurde. 1928 erhielt die Schule den
Namen des berühmten Physikers Hermann von Helm-
holtz (1821–1894), weil sie sich vor allem in der natur-
wissenschaftlichen Bildung hervortat. Nach 1945 war zunächst eine Erweiterte Oberschule (EOS), seit 1963 eine
Polytechnische Oberschule (POS) im Gebäude unterge-
bracht, seit 1992 beherbergte es eine Grund- und eine
Oberschule, seit 2007 nur noch letztere. Während sich
die Vorderfront des vierstöckigen Schulhauses mit dem
Mittelrisalit an der Helmholtzstraße befindet, erschließt
sich der gesamte Schulkomplex mit der Turnhalle dem
Betrachter am besten von der Gießerbrücke aus.

22 | Karl-Heine-Kanal

An der Endersstraße beginnt die Gießerstraße, die nach
wenigen Metern den Karl-Heine-Kanal auf der 1880
erbauten Gießerbrücke überquert. 1856 war mit dem
Kanalbau begonnen worden. Aufgrund schwieriger
geologischer Verhältnisse – ein Gebirgsriegel aus Grau-
wacke musste durchbrochen werden – und immenser
Aushubmassen – der Kanal musste bis zu 16 Meter tief
gegraben werden – gingen die Arbeiten nur langsam vo-
ran. Der erste Abschnitt bis zur Zschocherschen Straße
war 1864 abgeschlossen, Brücken waren an der heutigen
Erich-Zeigner-Allee (Elisabethbrücke 1858), der Zschocherschen Straße (König-Johann-Brücke 1862) und an
der Nonnenstraße (Nonnenbrücke 1863) entstanden.
Auch den zweiten Bauabschnitt bis zur Zeitzer Eisenbahn konnte Heine noch zu Lebzeiten 1887 einweihen. In
30 Jahren Bauzeit hatte der Kanal eine Länge von etwa
1,6 Kilometer erreicht. Kurz vor seinem Tod gründete
Heine 1888 die Leipziger Westend-Baugesellschaft, die
seine Projekte fortführen sollte. Nach mehr als 40 Jahren
und 2,6 Kilometern wurden die Bauarbeiten 1898 an der
heutigen Lützner Straße eingestellt. Dem Karl-Heine-
Kanal, für dessen Sanierung Anfang der 1990er Jahre

Utopie Weltstadt

Anfang der 1990er Jahre
erwarteten viele, dass
Leipzig rasch wieder zu
ehemaliger Größe und
Bedeutung gelangen wür-
de. Die Stadtentwicklung
verlief anders, und die
meisten Träume platzten.
Für großes Aufsehen in der
Öffentlichkeit sorgte der
Münchner Immobilien-
makler Manfred Rübesam.
Er erwarb 15 Hektar
ehemalige Industrieareale
in Plagwitz und wollte
dort eine zweite Leipziger
City entwickeln. Die
Skyline sollte von 30 bis zu
180 Meter hohen Wolken-
kratzern geprägt werden.
Unter Schrumpfungsbe-
dingungen waren solche
Visionen völlig irreal,
2007 musste er Insolvenz
anmelden.

Wasserstadt Leipzig

Leipzig liegt weder an der Küste noch verfügt es über einen großen Strom. Dennoch spielt das Wasser in der Geschichte der Stadt eine große Rolle; stehende und fließende Gewässer sind attraktive Bestandteile in der städtischen Kulturlandschaft, die zunehmend von Erholungssuchenden und Touristen aufgesucht werden. Die Vision Carl Heines, Leipzig mit dem offenen Meer zu verbinden, ist eines der Hauptanliegen, die sich der 1999 gegründete Verein »Wasser-Stadt-Leipzig« gestellt hat. Der Verein verfügt über ein eigenes Schiff (»Schute Luise«) für bis zu 20 Personen und hat seinen Sitz in einer alten Verladestation im Stadtteilpark Plagwitz.

18 Millionen DM aufgewendet wurden, kommt heute eine wichtige Rolle für Naherholung und Freizeit zu. Im Rahmen des Projekts »Wasserstadt Leipzig« konnte der Kanal 2015 bis zum Lindenauer Hafen verlängert werden: ein weiterer Schritt zur Realisierung der Visionen Heines.

23 | Jahrtausendfeld

Die Gießerstraße durchquert eine riesige Brachfläche, die von der Engertstraße im Westen bis zur Helmholtzstraße im Osten reicht. Mit dem Abriss der maroden Industriebauten war bereits zu DDR-Zeiten begonnen worden, weitere Abbrüche erfolgten in den 1990er Jahren.

Im Rahmen der EXPO 2000 diente die etwa drei Hektar große Industriebrache der Schaubühne Lindenfels für eine Kunstaktion: Zwei Jahre lang wurde in traditioneller Weise auf dem »Jahrtausendfeld«, wie das Areal seitdem genannt wird, Roggen angebaut. Seither gab es viele Pläne, die Brache zu revitalisieren, aber bislang konnte keiner umgesetzt werden. Die Natur hat sich sukzessive wieder der Fläche bemächtigt. Nach jüngsten Plänen der Stadt soll auf dem Jahrtausendfeld ein Schulcampus entstehen.

Da von der industriellen Geschichte des Gebietes keine baulichen Zeugen mehr vorhanden sind, sei nur kurz erwähnt, dass sich an der Gießerstraße 1863–1925 die Gasanstalt Lindenau-Plagwitz (seit 1910 Gaswerk III) befand. Unmittelbar neben und gegenüber dem Gaswerk existierte seit 1872 die Gießerei Meier & Weichelt, die der Straße ihren Namen gab. Seit 2012 befindet sich auf einer Teilfläche die Zentrale eines Online-Kaufhauses (»Taschenkaufhaus«), daneben seit 2020 eine Grundschule.

24 | Ehem. Rud. Sack

Automatikmuseum www.g-a-r-a-g-e.com
»Da Capo« Oldtimermuseum www.michaelis-leipzig.de

Der bedeutendste Industriebetrieb in diesem Gebiet war die Firma Rud. Sack, deren Firmengelände sich nach mehreren Werkserweiterungen beiderseits der heutigen Karl-Heine-Straße (Nr. 95–105, 78–90) ausdehnte. 1913 beschäftigte das Unternehmen auf einer Betriebsfläche von 75 000 Quadratmetern 2000 Menschen. Auch zu DDR-Zeiten bildete der VEB Bodenbearbeitungsgeräte »Karl Marx« einen Großbetrieb, in dem vor allem Pflüge für den

Meier & Weichelt
Ernst Meier hatte 1870 eine Schmiede eröffnet. Gemeinsam mit Carl Andreas Weichelt gründete er vier Jahre später eine Graugießerei. Nach einer Erweiterung 1897 nahm der Betrieb (500 Beschäftigte) die gesamten Flächen beiderseits der Gießerstraße ein. Da es keine Expansionsmöglichkeiten gab, übernahmen Meier & Weichelt 1902 eine Gießerei in Windorf, die bald größer als das Lindenauer Stammwerk war und heute in einem modernen Nachfolgebetrieb fortbesteht. Nach der Verstaatlichung 1948 hieß der Betrieb VEB Leipziger Eisen- und Stahlwerke, seit 1979 Teil des Kombinats GISAG (Gießereianlagenbau und Gußerzeugnisse).

Weltmarkt hergestellt wurden. Nach dem Produktionsende 1993 haben sich auf der Industriebrache verschiedene Einrichtungen angesiedelt, zum Teil in neu errichteten
Gebäuden, zum Teil in sanierten Industriebauten.

In einem Neubau (Nr. 95) unterhält die Leipzig International School seit 2014 ein Zentrum für die vorschuli-
sche Erziehung. Unter der Adresse Karl-Heine-Straße 97,
einem Gebäude aus dem Jahr 1912, firmiert seit 2000 die
»GaraGe«, ein Technologiezentrum für Jugendliche, das
der Verein deutscher Ingenieure (VDI) unterhält. Außerdem lädt hier das Automatikmuseum zum Besuch ein.
Daneben (Nr. 99) bietet das »Business and Innovation
Centre (BIC)« zahlreichen Mietern Büros und Laborflä-
chen. Aus dem ehemaligen Kontorgebäude der Firma
Rud. Sack ist ein Ärztehaus geworden (Nr. 101).

In einer 1895 erbauten Fabrikhalle, in der sich die
Sacksche Graugießerei befand, kann der Besucher heute
eine interessante Mischung aus Museum und Gastronomie erleben. Das »Da Capo« ist ein 2000 eröffnetes
Nostalgie-Museum zu den Themen Straßenverkehr und
Luftfahrt, zu den Exponaten zählen ca. 35 Oldtimer. Auf
dem Dach des Museums sieht man schon von weitem
ein Flugzeug: ein sowjetisches Passagierflugzeug vom
Typ Iljuschin IL 18.

25 | Ehem. Gebr. Brehmer

Unmittelbar neben dem Industrieimperium von Rud. Sack hatte eine weitere Firma von Weltrang ihren Standort: Gebr. Brehmer. August und Hugo Brehmer erhielten 1877 für eine Drahtheftmaschine das Patent im Deutschen Reich, 1879 eröffneten sie ihren Betrieb in der Albertstraße 61 (heute Karl-Heine-Straße 111). Die Brehmerschen Heftmaschinen setzten sich rasch in den Buchbindereien durch. 1885 beschäftigte man bereits über 200 Arbeiter, Neubauten und Erweiterungen führten dazu, dass das Werksgelände zwischen Karl-Heine-Straße und Weißenfelser Straße anwuchs. Die Belegschaft schwankte in den darauffolgenden Jahrzehnten zwischen 500 in wirtschaftlichen Krisen- und 2000 Mitarbeitern in Kriegszeiten durch Rüstungsaufträge.

Die meisten der unter Denkmalschutz stehenden Industriebauten am alten Standort in Plagwitz-Lindenau wurden in den vergangenen Jahren denkmalgerecht saniert und neuen Nutzungen zugeführt. Das Hauptgebäude ist ein prächtiger Ziegelbau mit Jugendstilelementen, 1913 von dem Architekturbüro Händel & Franke errichtet. In dem 2009 sanierten Gebäude befinden sich heute Wohn- und Gewerbeeinheiten.

Gebr. Brehmer
August Brehmer (1846–1904) hatte in den USA an der Entwicklung von Heftklammern zur maschinellen Herstellung von Faltschachteln mitgewirkt und zu diesem Zweck 1873 mit seinem Bruder Hugo (1844–1891) in Philadelphia eine Maschinenfabrik eröffnet. 1877 erhielt Brehmer für seine Drahtheftmaschine das Patent im Deutschen Reich, zwei Jahre später siedelten die Brüder nach Leipzig über. In der DDR firmierte das Unternehmen als VEB Polygraph, der seit 1960 zum VEB Leipziger Buchbindereimaschinenwerke gehörte. 2015 wurde das Leipziger Werk geschlossen.

Luftschiffaufstieg 1880

Am Gaswerk an der Gießerstraße begann die Luftschifffahrt Leipzigs. Der Oberförster Georg Baumgarten (1837–1884) experimentierte seit 1871 mit Ballons und Luftschiffen. 1879 gelang ihm erstmals bei Chemnitz ein bemannter Aufstieg in 25 Meter Höhe. Finanziell unterstützt wurde Baumgarten vom Leipziger Verleger Friedrich Hermann Wölfert. Gemeinsam ließen sie ein 26 Meter langes Luftschiff mit drei Gondeln bauen, das sie 1880 in Lindenau-Plagwitz erprobten. Bei einem Aufstieg am 28. März geschah das Unglück: Ein Seil riss, die Haltemannschaften konnten das Luftschiff nicht mehr halten, und Baumgarten stieg in große Höhe. Wie durch ein Wunder konnte der Pilot unversehrt auf der Nonnenwiese landen.

26 | Liebfrauenkirche

Die Industrialisierung führte zum verstärkten Zuzug von Arbeiterfamilien aus katholischen Gegenden wie dem Rheinland oder aus Schlesien nach Leipzig. Für die um 1900 auf über 2000 Katholiken angewachsene Gemeinde in Lindenau wurden seit 1898 im Turnsaal der katholischen Schule in der heutigen Engertstraße 14 Sonntagsgottesdienste abgehalten. 1904 erfolgte die Trennung von der Stadtpfarrei St. Trinitatis und die Gründung einer eigenen Pfarre, die für das gesamte Umland im Westen der Stadt zuständig war. Für die Bausumme von etwa 250 000 Mark entstand 1907/08 an der Karl-Heine-Straße nach Plänen von Anton Käppler eine große dreischiffige Basilika in reiner Neoromanik. Die ursprüngliche farbige Ausmalung des Innenraums durch den Leipziger Kunstmaler Heinrich Hinrichs wurde bei späteren Sanierungen und Umgestaltungen entfernt. Dafür zieren seit 1934 farbenfrohe Kirchenfenster des bekannten Aachener Künstlers Anton Wendling das Gotteshaus. Auffallendstes Merkmal der Liebfrauenkirche sind die drei Türme. An den Hauptturm schließt sich das 1906 erbaute Pfarrhaus an.

Das stattliche Gebäude Engertstraße 14 wurde 1897/98 als katholische Volksschule errichtet, erfüllte aber schon seit den 1930er Jahren andere Funktionen.

27 | Ehem. Baumwollspinnerei

Di–Sa 11–18 Uhr, **Führungen** stündlich Fr 12–16 Uhr, Sa 11–16 Uhr (Anmeldung erwünscht Tel. 0341 4 98 02 22, Treffpunkt Haus 20A)

An der Liebfrauenkirche unterquert die Karl-Heine-Straße die Eisenbahn und gabelt sich in die Saalfelder Straße und die Spinnereistraße, die ihren Namen 1906 von der Baumwollspinnerei erhielt. Heute ist das Areal das bekannteste Leipziger Beispiel für die Transformation eines Standorts von industrieller Produktion zu einem Kunst- und Kulturquartier.

Die Industrialisierung begann 1884, als es Carl Heine gelang, einer neu gegründeten Aktiengesellschaft ein

Rechts: Liebfrauenkirche

Eingang zur Baumwoll-
spinnerei

Neo Rauch
Geb. 1960, Maler und
Grafiker. Rauch wuchs
bei seinen Großeltern
in Aschersleben auf. Ab
1981 studierte er an der
Leipziger Hochschule für
Grafik und Buchkunst
bei Arno Rink, 1986–1990
war er Meisterschüler
bei Bernhard Heisig.
International geschätzt,
hängen Rauchs Bilder in
allen bedeutenden Museen
der Welt von New York bis
Tokio. Der Wegbereiter
und wichtigste Repräsen-
tant der »Neuen Leipziger
Schule« wird u. a. von der
Galerie EIGEN+ART in der
Plagwitzer Baumwollspin-
nerei vertreten. 2005–2009
lehrte Rauch als Professor
an der HGB.

59 000 Quadratmeter großes Grundstück an der Alten
Salzstraße zu verkaufen, um hier eine Baumwollspinnerei zu errichten. Die Wirtschaft des Deutschen Reiches
boomte, die Nachfrage nach Baumwolle war enorm, doch
bislang mussten sowohl die Rohbaumwolle als auch die
Garne teuer importiert werden. Entsprechend erfolgreich
gestaltete sich die Entwicklung des Unternehmens. Immer
neue Produktions- und Verwaltungsgebäude entstanden,
bald war der Betrieb die größte Baumwollspinnerei auf
dem europäischen Festland. Bis 1907 wurden fünf Spinne-
reien mit 240 000 Spindeln und 200 Kämmmaschinen errichtet – die Fabrikhallen existieren bis heute. Die Zahl der
Beschäftigten stieg auf 2000 an. Um vom Import auslän-
discher Baumwolle unabhängig zu werden, richtete man
1908 eigene Pflanzungen in Deutsch-Ostafrika ein, die im
Ersten Weltkrieg wieder verloren gingen.

Die 1920er und 1930er Jahre waren auch in der Leip-
ziger Baumwollspinnerei geprägt von wirtschaftlichen
Krisen, von Arbeitskämpfen und einer militärischen
Nutzung ihrer Produktion im Zweiten Weltkrieg. In der
DDR blieb die Baumwollspinnerei einer der größten
industriellen Arbeitgeber in Leipzig mit bis zu 6000, zu-
meist weiblichen Arbeitskräften. Die »Abwicklung« des
Betriebs zog sich bis 1993 hin, als die letzten 900 Beschäf-

tigten entlassen wurden. Ein kleiner Nachfolgebetrieb produzierte noch bis zur Jahrtausendwende.

Doch das Industrieareal erwachte schon bald zu neuem Leben. Sukzessive hat sich seit Mitte der 1990er Jahre in dem einmaligen, unter Flächendenkmalschutz stehenden Bauensemble ein Künstler-Quartier eingerichtet. Ein Bebauungsplan im Jahre 2000 legte fest, die 20 Fabrikgebäude »sanft« zu sanieren und umzubauen und in Zukunft den Grunddaseinsfunktionen Arbeiten, Wohnen und Freizeit zur Verfügung zu stellen. Zeitgenössische Künstler wie **Neo Rauch**, Rosa Loy, Matthias Weischer oder Tilo Baumgärtel – die »**Neue Leipziger Schule**« – fanden hier ideale Schaffensbedingungen und waren Pioniere dieser Revitalisierung. Wichtige Impulse bei der Umwandlung der Baumwollspinnerei in ein Kunstquartier setzte Gerd Harry (»Judy«) Lybke, als er 2005 seine »Galerie EIGEN+ART« in die »Spinne« verlegte. 1983 mit einer inoffiziellen Galerie in einer Wohnung gestartet, zählt er heute zu den führenden Händlern für zeitgenössische Malerei in Deutschland. Im Laufe der Jahre kamen weitere renommierte Galerien wie die »Galerie Kleindienst« oder die »maerzgalerie« hinzu, sodass sich heute mehr als zehn auf dem Gelände befinden. Seit 2005 laden mehrmals pro Jahr

Neue Leipziger Schule
Der Begriff ist umstritten, weil er eher ein Marktphänomen als einen künstlerischen Zusammenhang beschreibt. Dennoch hat er sich weltweit als Markenzeichen für die Leipziger bildende Kunst seit den 1990er Jahren durchgesetzt (in Fortsetzung der »alten« Leipziger Schule 1970–1990). Eng verbunden mit der Hochschule für Grafik und Buchkunst, zeichnen sich die Arbeiten durch eine Betonung figürlicher Elemente und durch eine (pseudo-) philosophische Dimension aus. Räumlicher Mittelpunkt war und ist die Baumwollspinnerei in Plagwitz mit ihren Ateliers und Galerien.

Das Leipziger Off-Theater **LOFFT** zog 2019 aus dem Theaterhaus am Lindenauer Markt in die Halle 7 der ehemaligen Baumwollspinnerei. Es versteht sich als Freies Theater ohne eigenes Ensemble, das unkonventionellen Produktionen Raum bietet und freien Künstlern ein professionelles Arbeiten ermöglicht. Zahlreiche Gastkünstler haben in den vergangenen Jahren am LOFFT inszeniert, wobei dem zeitgenössischen Tanz besondere Beachtung geschenkt wird. Durch seine innovativen Programme und die Ausrichtung und Beteiligung an Festivals hat sich das LOFFT längst einen internationalen Ruf in der freien Kulturszene erworben.

die mittlerweile international bekannten Spinnereirundgänge zum Flanieren ein, die Einblicke in die Ateliers, Werkstätten und Galerien gewähren. Seit 2007 residiert ebenfalls das gemeinnützige Kunstzentrum »Halle 14« auf dem Gelände. Hier finden Ausstellungen und Veranstaltungen statt, außerdem gibt es ein Besucherzentrum, eine umfangreiche Kunstbibliothek sowie das engagierte Kunstvermittlungsprogramm »Kreative Spinner«. 2019 erhielt das 1997 gegründete **LOFFT** (Leipziger Off-Theater) eine eigene Spielstätte in der Halle 7. Weitere Kunsthandwerker, Theater- und Kinobetreiber ergänzen das gelungene Konzept der Baumwollspinnerei – »From cotton to culture«.

Doch die »Spinne« war früher weitaus mehr als nur eine von vielen Fabriken im Leipziger Westen, sie wurde zu einem wichtigen Ausgangspunkt für die Entwicklung eines neuen Stadtteils, des heutigen Neulindenau. Auf angrenzenden Grundstücken wurden erste Wohnhäuser für Arbeiter der Baumwollspinnerei erbaut.

Im Umfeld der Spinnerei siedelten sich im 19. Jahrhundert weitere Industriebetriebe an, darunter die Lackfabrik Gebr. Galleh sowie die Maschinenfabriken Karl Winkelmüller & Co. (Nr. 2), Heinrich Schirm (Nr. 14/16) und Münnich & Hedrich (Nr. 18). Dazwischen errichtete die

Baumwollspinnerei 1953 inmitten eines kleinen Parks ein Kinderwochenheim (Nr. 10).

28 | »Niemeyer-Kugel«

Neben der »Spinne« erwarb die Eisenhochbaufirma Grohmann & Frosch 1899 eine Verzinkerei (Nr. 11–17), die 1906 um den Stahlbau erweitert wurde. Das Werksgelände an der Spinnereistraße überließ man später der Maschinenfabrik Unruh & Liebig. Nach 1945 wurde das Unternehmen verstaatlicht und in VEB Schwermaschinenbau S.M. Kirow umbenannt. Seit 2020 besitzt die traditionsreiche Kranbaufirma ein spektakuläres Highlight für Architektur-Fans. Den Gesetzen der Schwerkraft scheinbar trotzend, »klebt« an der Backsteinfassade in acht Metern Höhe über der Straße eine Kugel mit zwölf Metern Durchmesser, die gastronomisch und kulturell genutzt werden kann. Die »Niemeyer-Kugel« gilt als letzter realisierter Bauentwurf des 2012 verstorbenen brasilianischen Stararchitekten Oscar Niemeyer. Ein paar Meter zurückversetzt liegt die heute gastronomisch genutzte Alte Mörtelfabrik (Am Kanal 28). Sie wurde 1891 errichtet, um den Kies für die Bauwirtschaft zu verarbeiten.

29 | Bahnhof Plagwitz

Gaststätte »BiBaBo« täglich ab 16 Uhr

Am **Industriebahnhof** kamen einst die Rohstoffe für die Industrie an und verließen die Fertigprodukte Leipzig. Durch die Deindustrialisierung nach 1990 verlor er seine Funktion. Seit 2013 befindet sich das Areal, das seit 2015 im Besitz der Stadt ist, in einem Flächenumwidmungsprozess. Die Initiative »Bürgerbahnhof Plagwitz« hat mit Unterstützung der Stadt Leipzig und finanziell gefördert aus EU-Programmen verschiedene Projekte gestartet, als deren Ergebnis ein Freizeit- und Naherholungsraum mit einem hohen Grünflächenanteil (»Grüne Gleise«, »Urbaner Wald«) entsteht.

Die Engertstraße endet am Bahnhof Leipzig-Plagwitz. Das Empfangsgebäude ist ein repräsentativer Bau aus dem Jahr 1872 und damit wohl der älteste original erhaltene Bahnhof in einem Leipziger Stadtteil. Die Haltestelle lag an der von Preußen betriebenen Strecke von Leipzig nach Zeitz, erst 1879 wurde Plagwitz über einen weiteren Bahnhof auch an das sächsische Eisenbahnnetz angeschlossen. Für die Industrialisierung des Leipziger Westens war der preußische »Zeitzer Bahnhof« von entscheidender Bedeutung, denn hier lief das verzweigte Industriegleisnetz Carl Heines zusammen und erhielt Anschluss an den überregionalen Schienenverkehr. Mit Gründung der Reichsbahn erfolgte 1920 die Zusammenlegung der beiden benachbarten Bahnhöfe, fortan diente der sächsische Teil nur noch dem Güterverkehr (**Industriebahnhof**). Während dieser längst Geschichte ist, wird der ehemals unter preußischer Verwaltung stehende Personenbahnhof noch auf der Linie von Leipzig nach Ostthüringen (Gera, Saalfeld) angefahren. Seit 1969 hält außerdem die S-Bahn in Plagwitz.

An der Gießerstraße deuten ein großflächiger Baumarkt und Brachen auf den Abriss ehemaliger Industriebetriebe hin. Hier, auf einem Areal von ca. 75 000 Quadratmetern zwischen Gießer- und Wachsmuthstraße, befand sich seit 1897 die Schriftgießerei und Buchdruckmaschinenfabrik J. G. Schelter & Giesecke (in der DDR: VEB Polygraph Druckmaschinenwerke Leipzig). Das imposante, über einhundert Meter lange Verwaltungsgebäude an der Wachsmuthstraße ist erhalten, die Produktionshallen wurden abgerissen.

Einige Meter weiter (Gießerstraße 29) steht eine Fabrikhalle mit einem Schmuckgiebel und markanten rundbogigen Fenstern unter Denkmalschutz. Sie gehörte der seit 1819 in Leipzig ansässigen Eisengroßhandlung und Stahlbaufirma C. F. Weithas Nachf. und wurde 1910 vom Architekten Gustav Franke errichtet. An den Kopfbau schließt sich eine große Montagehalle aus den 1930er Jahren entlang der Markranstädter Straße an.

Trotz mancher Abrisse lässt die Bebauung der Markranstädter Straße immer noch die frühere Bedeutung erkennen. Zu den bekannten Industriebetrieben zählten die Leipziger Drahtstift- und Drahtwarenfabrik Max Bill-

Die **Kammgarnspinnerei Stöhr & Co.** war neben der Baumwoll- und der Wollgarnspinnerei der dritte Großbetrieb der Textilbranche im Westen Leipzigs. Die Ansiedlung erfolgte 1880 durch den aus Eisenach stammenden Kaufmann Eduard Stöhr (1846–1928). Die Spinnerei nahm das gesamte Areal auf beiden Seiten der Zschocherschen Straße zwischen Markranstädter Straße und Limburgerstraße ein. Heute kann man hier alle Formen der Nachnutzung finden. Im Kontorgebäude Wachsmuthstraße 1 hat sich das »Täubchenthal« einen festen Platz in der Leipziger Musikszene errungen.

Markranstädter Straße, Ecke Wachsmuthstraße

Globuswerke

Die Industriebauten an der Limburgerstraße 74 gehörten zur chemischen Fabrik Fritz Schulz jun., die 1878 in Neuburg an der Donau gegründet worden war. Der Bau einer neuen Produktionsstätte in Leipzig erfolgte 1897/98. Die an der Donau gewonnene Kieselkreide wurde im Betrieb zu Scheuerpulver verarbeitet. Das Unternehmen war ein führender Hersteller von Reinigungs- und Pflegemitteln. In Ostdeutschland bekannte Produkte wie die Bremsflüssigkeit »Karipol«, der Glasreiniger »Klarofix« oder das Pflegemittel »Elsterglanz« wurden in Plagwitz bis 1995 hergestellt. 2014–2016 wurde der Betrieb zu Loftwohnungen umgebaut.

hardt (Nr. 4) und die Maschinenfabrik Paul Franke & Co. (Nr. 2) auf der linken Seite und rechts die Blechemballagenfabrik Felix Lasse (Nr. 3–13) sowie die Werkzeugmaschinenfabrik Ferdinand Kunad (Nr. 1), die hier 1889/90 errichtet wurde und 1917 an die Wotan-Werke ging. Die aus dem schwäbischen Esslingen stammende Firma Eberspächer übernahm 1917 zunächst die Metallfensterfabrik von Franke und 1936 sowohl die Wotan-Werke als auch die Drahtstiftefabrik Billhardt. Während des Zweiten Weltkriegs produzierte Eberspächer hier Flugzeugteile. Nach der Enteignung wurde der Betrieb 1951 in VEB Blechverformungswerk Leipzig umbenannt. Heute beherbergt das ehemalige Werksgelände den Gewerbehof Plagwitz. Seit der Eröffnung 2013 hat sich das »Täubchenthal« zu einem angesehenen Kulturtreff im Leipziger Westen entwickelt.

Die Markranstädter Straße stößt auf die Zschochersche Straße. Wo sich heute auf der östlichen Straßenseite ein großer Discountladen befindet, stand bis vor einigen Jahren einer der ältesten Plagwitzer Industriebetriebe. Carl Wilhelm Naumann hatte hier 1857 ein Grundstück von Carl Heine erworben, wo er 1864 begann, Bier zu brauen. Die historische Bebauung wurde nach 2000 weitgehend abgerissen. 2017–2019 entstand auf dem 2,5 Hektar großen Areal ein Wohnquartier. Einzig das historische Sudhaus blieb erhalten und wurde in die Neubebauung integriert.

31 | Ehem. Ph. Swiderski

An der gegenüberliegenden Straßenseite wartet ein Industriedenkmal darauf, aus seinem Dornröschenschlaf geweckt zu werden. Philipp Swiderski (1836–1906) hatte seine auf den Bau von Maschinen für das Druckereigewerbe spezialisierte Firma 1888 nach Plagwitz verlegt. Bereits vier Jahre später produzierten hier etwa 300 Arbeiter Druckereipressen, Dampfmaschinen, Motoren und Lokomobile. Bekannt ist die Fabrik vor allem durch ihre neogotische Tudor-Architektur. Der 20 Meter hohe, zinnenbekrönte Turm vor dem ehemaligen Verwaltungsgebäude von Swiderski darf in keinem Bildband zur Leipziger Industriearchitektur fehlen.

32 | Naumburger Straße

Die Naumburger Straße bietet zwischen Gießer- und Zschocherscher Straße ein noch weitgehend erhaltenes Bild der gründerzeitlichen Industriearchitektur. An der südlichen Straßenseite zur Markranstädter Straße hin befanden sich in der ersten Hälfte des 20. Jahrhunderts die Sächsische Röhrenfabrik A. Thierfelder & Co. (Nr. 15–17), die heute noch in der Familientradition am selben Standort Stahl- und Blechbau betreibt; die Drahtwarenfabrik Oswald Weber (Nr. 19) und die 1904 gegründete Deutsche Kugellager-Fabrik (Nr. 21–25), die 1934 nach Böhlitz-Ehrenberg umsiedelte und dort noch heute besteht. An der nördlichen Seite, zur Industriestraße hin, produzierte die 1898 von Richard Barth gegründete Leipziger Spitzenfabrik (Nr. 16–22), die bis zum Ende der DDR als Teilbetrieb des VEB Plauener Spitze existierte – heute befindet sich hier ein Einrichtungsmarkt.

Der dreigeschossige Ziegelbau Naumburger Straße 26, in dem unter anderem Einrichtungen des Jugendamts ihren Sitz haben, wurde 1899 für den Konsumverein Leipzig-Plagwitz und Umgebung als damals modernste und größte Bäckerei des Deutschen Reiches errichtet. Bis 1990 produzierten mehr als 400 Beschäftigte Backwaren.

Ehem. Leipziger Spitzenfabrik, Naumburger Straße 16–22

33 | Ehem. Unruh & Liebig

Westlich der Konsum-Bäckerei schloss sich beiderseits der Straße ein Großbetrieb an, in dem zeitweise mehr als 4000 Menschen Arbeit fanden: der VEB Schwermaschinenbau S. M. Kirow. Die Grundlagen des Unternehmens schuf Karl Richard Liebig, der seine 1880 in Reudnitz gegründete Maschinenbauanstalt (seit 1887 mit dem Teilhaber Gustav Unruh) 1897 in die damalige Braustraße (Naumburger Straße) 28 nach Plagwitz verlegte, wo man Handaufzüge, Kranausrüstungen und Transporteinrichtungen fertigte. Nach wirtschaftlichen Schwierigkeiten übernahm die Peniger Maschinenfabrik und Eisengießerei 1899 Unruh & Liebig. Heute gehört das Areal zum Gewerbepark Plagwitz. Durch spätere Übernahmen benachbarter Industrieflächen (z. B. der Maschinenfabrik H. Törpsch oder der Eisenbaufabrik C. F. Weithas) nahm das Werksgelände schließlich große Flächen zwischen Markranstädter und Industriestraße ein. Von den erhaltenen Industriebauten sticht das aus der Ansiedlungszeit 1896/97 stammende Backsteingebäude mit dem Schriftzug »Unruh & Liebig« am Schmuckgiebel hervor. Als Pilotprojekt konnte in dem historischen Gemäuer 1996 ein Gründer- und Gewerbehof eröffnet werden.

Spreadshirt
In der Gießerstraße 27 hat eines der erfolgreichsten Leipziger Startup-Unternehmen seit 2008 seine Firmenzentrale: Spreadshirt, ein weltweit agierendes Social-Commerce-Unternehmen zum Gestalten und Kaufen von T-Shirts. Die inzwischen mehr als 1000 Mitarbeiter erwirtschafteten 2020 mehr als 130 Millionen Euro, Tendenz steigend. Der Industriebau Gießerstraße 27 gehörte ursprünglich Hermann Törpsch, der 1901 hier eine Eisenhandlung und Verzinkerei errichtet hatte, später zu Unruh & Liebig und seit den 1950er Jahren zu Kirow.

34 | Konsum-Zentrale

Der »**Consum-Verein** für Plagwitz und Umgebung« wurde 1884 gegründet, die erste Verkaufsstelle entstand in der heutigen Weißenfelser Straße 33. Bereits um 1900 war die Genossenschaft mit 19 000 Mitgliedern die größte in Sachsen. In der DDR wuchs die Konsumgenossenschaft auf fast 150 000 Mitglieder an. Durch Fusion mit den Vereinen in Leipzig-Land und Delitzsch entstand 1991 die Konsumgenossenschaft Leipzig eG, die heute 60 Filialen unterhält, rund 1000 Mitarbeiter beschäftigt und 28 000 Mitglieder hat, die einen Pflichtanteil von mindestens 100 € erworben haben.

An der Industriestraße stoßen Tradition und Moderne der Industriearchitektur unmittelbar aufeinander. Ein bedeutendes Baudenkmal der Plagwitzer Wirtschafts- und Architekturgeschichte ist die 1929–1932 von Fritz Höger erbaute Konsum-Zentrale (Nr. 85–95). Das Gebäude gilt als ein architektonisches Hauptwerk der Moderne in Leipzig. Der expressionistische klinkerverkleidete Stahlbetonskelettbau erinnert in seiner stromlinienförmigen Gestalt an ein Schiff, auch die Gestaltung des Inneren und die Verkleidung mit türkisfarbigen Fliesen weckt Assoziationen an Wasser. Im Rahmen des EXPO-2000-Projektes »Plagwitz auf dem Weg ins 21. Jahrhundert« wurde die Konsum-Zentrale aufwändig saniert. Neben der Verwaltung der Konsumgenossenschaft beherbergt das Gebäude unter anderem das Sächsische Wirtschaftsarchiv.

Das Gebäude Nr. 81–83 ließ die Gummifabrik Flügel & Polter errichten, nachdem sie sich hier 1889 niedergelassen hatte. Die Firma war zehn Jahre zuvor von Richard Flügel in der Hainstraße gegründet worden, 1882 trat Hans Polter als Geschäftspartner ein. In der DDR fanden ca. 700 Menschen Arbeit im VEB Gummiwarenfabrik, der seit 1968 zum VEB Elguwa (Leipziger Gummi

Waren, wobei das L als Laut »el« ausgeschrieben wurde) gehörte. Während die rückwärtigen Fabrikbauten nach 1990 abgerissen wurden, baute man das langgestreckte Frontgebäude an der Straße zu Lofts um.

35 | Stadtteilpark Plagwitz

Die Industriestraße markiert die nördliche Grenze des industriell geprägten Teils von Plagwitz. Zwischen der Straße und dem Karl-Heine-Kanal entstand, ebenfalls als EXPO-Projekt, zwischen 1997 und 2000 ein 3,5 Hektar großer Stadtteilpark. Vorher war dieses Areal als Ladestelle I des Plagwitzer Industrieschienennetzes genutzt worden. Lediglich ein sanierter Güterschuppen und die alten Gleise weisen noch auf die frühere Flächennutzung hin. Auf der gegenüberliegenden Seite des Kanals, die man seit 2000 über den Karl-Heine-Bogen erreichen kann, verlaufen die Lauchstädter und die Merseburger Straße. Architektonisch auffallend sind das 1910 in neoromanischen Formen errichtete Umspannwerk, 2008 in Loftwohnungen umgewandelt, und der 1994 errichtete Neubau der Feuerwache West mit seinem markanten Paralleldach.

Westkultur
Viele alte Industriegebäude in Plagwitz und Lindenau wurden in den vergangenen Jahren unter dem Label »Westkultur« zu neuen Zentren der Kreativwirtschaft umgenutzt. Die Baumwollspinnerei, das Täubchenthal und das Westwerk sind kulturelle »Leuchttürme«, aber viele weitere Orte sind unbedingt empfehlenswert. In einer ehemaligen Tapetenfabrik (Lützner Straße 91) hat sich das Kunstquartier Tapetenwerk eingerichtet. Und zu den jüngsten Eröffnungen zählt das Kunstkraftwerk in der Saalfelder Straße 8b. In dem ehemaligen Heizkraftwerk finden zeitgenössische Kunst und Design Raum für Ausstellungen und andere Veranstaltungen.

Die »**MS** (Motorschiff) **Weltfrieden**« ist eine Leipziger Institution der besonderen Art. Gebaut 1945 in Parchim, verkehrte sie bis 1990 als Ausflugsschiff auf dem Leipziger Auensee, dann drohte ihre Verschrottung. Durch Privatinitiative konnte sie gerettet werden. Seit 1998 ist sie auf dem Karl-Heine-Kanal und der Weißen Elster zwischen der Alten Mörtelfabrik in Lindenau und der Plagwitzer Brücke über die Weiße Elster am Klingerweg unterwegs. Die Fahrt unter insgesamt 16 Brücken führt entlang grüner Ufer vorbei an der Philippuskirche, dem Riverboat, den Buntgarnwerken und der ehemaligen Karl-Heine-Villa (ab Stelzenhaus, Industriestraße 85, Apr.–Okt., Sa/So 11, 12.30, 14, 15.30, 17, 18.30 Uhr).

36 | Stelzenhaus

Vom Stadtteilpark führt ein kurzer Fußweg zu einem der bekanntesten Leipziger Fabrikbauten: dem Stelzenhaus. Wilhelm Frosch und Rudolph Grohmann hatten hier, an einer Biegung des Karl-Heine-Kanals, 1889 eine Verzinkerei und ein Wellblechwalzwerk errichtet. Als ältestes Gebäude existiert noch das Verwaltungsgebäude mit der Inschrift »Verzinkerei Grohmann & Frosch« aus dem Jahr 1898. Da das Geschäft florierte und das Grundstück am Kanal keine Ausdehnung zuließ, übernahm Frosch 1899 eine Verzinkerei an der Spinnereistraße in Lindenau, wo der Stahlbau konzentriert wurde, seit 1920 als eigene Firma Eisenhochbau Grohmann & Frosch. Voraussetzung für eine bauliche Erweiterung des Plagwitzer Werks war der Zukauf der Kanalböschung 1906. Es dauerte dann allerdings noch drei Jahrzehnte, bis der Neubau errichtet wurde. Unter der Leitung des Architekten Hermann Böttcher entstanden drei Hallen, deren Fundamente auf der Böschung ruhen. Bei den namengebenden Stelzen handelt es sich um 101 massive Betonstützen, deren Statik bereits auf mögliche Kriegszerstörungen ausgelegt war. Die denkmalgerechte Sanierung der Stahlbetonkonstruktion 2001–2003 und der Umbau zu Wohnungen und Büros erhielt mehrere Architekturpreise.

37 | König-Johann-Brücke

Die Zschochersche Straße verbindet Lindenau und Kleinzschocher und bildet die Hauptgeschäftsstraße von Plagwitz. Sie wird geprägt von Geschäfts- und Wohnhäusern aus der Gründerzeit. Dazwischen haben sich auch mehrere ältere, zum Teil spätklassizistische Gebäude erhalten (z. B. Nr. 27, 33a, 49).

Den Karl-Heine-Kanal quert die Straße über die König-Johann-Brücke, die 1862 im Beisein des damaligen sächsischen Königs eingeweiht wurde. Die alte Ziegelbrücke wurde 1997 abgebrochen und durch eine neue Stahlbeton-Brücke ersetzt. Von der Brücke blickt man auf den in den 1990er Jahren revitalisierten Kanal, dessen Sanierung wesentlich zur Aufwertung des Viertels beigetragen hat.

Am Kopfbau des 1870–1872 errichteten Doppelmiets-
hauses Zschochersche Straße 54/56 (»Wagnersche Häuser«) prangt seit 1936 die berühmte Werbegrafik der
eleganten Persil-Dame ganz in Weiß. 1993 ließ der Hen-
kelkonzern die Grafik restaurieren, die leider 2015 be-
schmiert wurde.

38 | Ehem. Konsum-Warenhaus

Ein paar Meter weiter, an der Ecke Amalienstraße, befanden sich bis 1944 die »Westendhallen« (Nr. 41), eine seit
dem 17. Jahrhundert belegte Gaststätte, in der nach 1918
auch ein Kino betrieben wurde. Das um 1870 erbaute
und im Zweiten Weltkrieg stark beschädigte und zuletzt
ruinöse Gebäude wurde 2014 saniert und zu Wohnungen
umgebaut. Etwa 30 Jahre jünger und architektonisch weitaus repräsentativer ist das gegenüberliegende Geschäftshaus Nr. 41a. Kurz nach seiner Fertigstellung mietete der
Konsumverein das Eckhaus und eröffnete hier 1900 eines
seiner ersten Warenhäuser. Mit dem Bau des Joseph-Kon-
sums (siehe Nr. 17) gab die Genossenschaft die kleineren
Häuser 1912 wieder auf, darunter auch das prächtige Ju-
gendstilgebäude in der Zschocherschen Straße.

39 | Kindermuseum Unikatum

www.kindermuseum-unikatum.de

Eine traditionsreiche Adresse in Plagwitz ist das Haus Zschochersche Straße 26. Hier existierte über einen langen Zeitraum eine Konditorei mit Café, die seit 1909 im Besitz der Familie Götz war. Der gastronomische Betrieb, der zuletzt als HO (Handelsorganisation) »Othello« bestand, musste 1989 schließen. Nach 20 Jahren Leerstand und Verfall wurde das Gebäude 2009 saniert. Die Wiedereröffnung eines Cafés unter dem Traditionsnamen 2010 blieb nur eine kurze Episode. Im selben Jahr öffnete ein privates Museum seine Türen: Das Kindermuseum Unikatum, das fast ausschließlich ehrenamtlich betrieben wird, versteht sich als interaktives Projekt, bei dem Kinder und Erwachsene bei wechselnden Ausstellungen mitwirken können. Für sein soziales Engagement erhielt das Kindermuseum 2014 den Familienfreundlichkeitspreis der Stadt Leipzig. Das älteste Steinhaus des Stadtteils, das Carl Heine 1856 errichten ließ, befindet sich in der Zschocherschen Straße 18. Es beherbergt heute die traditionsreiche Buchhandlung Grümmer.

Um den Abriss von leer stehenden Häusern zu verhindern, entstand 2004 in Leipzig das Konzept der **Wächterhäuser**, getragen vom Verein HausHalten e.V. In Form einer Zwischennutzung werden die Hauseigentümer von den Kosten und der generellen Sorge um ihr Haus entlastet und finanzieren dafür eine Inbetriebnahme auf minimalem Standard. Die Mieter – oft Studenten oder junge Familien – zahlen nur die Betriebskosten und verhindern durch die Nutzung des Hauses Vandalismus und weiteren Verfall. Sie sichern damit die Substanz und den architektonischen Wert der Gebäude, gleichzeitig befördern sie die Belebung des Viertels.

40 | Heilandskirche

Im rechten Winkel zur Zschocherschen Straße verläuft die Weißenfelser Straße, die den Stadtteil auf einer Länge von 1,5 Kilometern durchquert. Die Kirche ist ein neogotischer Backsteinbau mit einem 85 Meter hohen Turm. Sie entstand, nachdem das auf ca. 18 000 Einwohner angewachsene Industriedorf Plagwitz kirchlich von Kleinzschocher gelöst und zu einer eigenen Pfarrei erhoben worden war. Architekt war der für seine zahlreichen Kirchenbauten bekannte Architekt Johannes Otzen. 1916 erhielt das Gotteshaus den Namen »Heilandskirche«. In jüngster Zeit bemüht sich die Kirchgemeinde, die Kirche zu einem sozialen und kulturellen Stadtteilzentrum (»Westkreuz«) zu entwickeln.

Unmittelbar an der Heilandskirche steht ein großes Gebäude aus dem Jahr 1900, das seit 1964 dem Diakonischen Werk als Pflegeheim dient. Der ursprüngliche Name ziert die Fassade: »Heim für alleinstehende Frauen und Mädchen«. Der Kirche gegenüber befindet sich der traditionelle Schulstandort von Plagwitz. Eine erste Volksschule wurde 1862 eingeweiht, das heutige Schulgebäude (Erich-Zeigner-Grundschule) entstand ab 1880 und wurde später mehrfach erweitert. Für den Bau der Turnhalle lieferte der bekannte Architekt Max Bösenberg die Pläne.

Schulgebäude an der Erich-Zeigner-Allee 24

41 | Ehem. Rathaus von Plagwitz

An der Kreuzung der Weißenfelser Straße mit der Alten Straße steht das ehemalige Rathaus der Gemeinde Plagwitz. Zuvor hatte an dieser Stelle seit 1843 ein Armenhaus gestanden. Das Rathaus mit der Adresse Alte Straße 22/24 wurde 1883/84 nach Plänen des Architektenbüros Pfeifer & Händel errichtet – damit dürfte es eines der ältesten Leipziger Stadtteilrathäuser sein. Doch nur wenige Jahre besaß das imposante gründerzeitliche Haus seine Funktion, denn bereits mit Jahresbeginn 1891 wurde Plagwitz nach Leipzig eingemeindet und trug dazu bei, dass Leipzig Ende des 19. Jahrhunderts zu einer Großstadt mit über 100 000 Einwohnern wurde.

In den ersten Jahren diente das Rathaus auch dem Postamt, bis dieses in ein 1889 errichtetes Gebäude gegenüber (Alte Straße 23) umzog. Nach der Eingemeindung beherbergte das einstige Rathaus verschiedene Einrichtungen (Standesamt, Polizeiwache, Bank, seit 1957 Rat des 8. Stadtbezirks). Bis 2010 diente das ehemalige Rathaus als Bürgeramt. Pläne, nach dessen Schließung ein sozioökonomisches Stadtteilzentrum einzurichten, scheiterten. Inzwischen hat ein Investor das Gebäude saniert und zu Wohnungen umgebaut.

42 | Ehem. Eisengießerei Kaspar Dambacher

Schräg gegenüber vom Rathaus dürfte das älteste erhaltene Bauensemble der Plagwitzer Industriegeschichte stehen. Es handelt es sich um eine Fabrikhalle (Alte Straße 27), in der Kaspar Dambacher 1862 eine Schmiede einrichtete und sich daneben eine Villa erbaute. Schon ein Jahr darauf mietete Rudolph Sack für kurze Zeit die Liegenschaft und begann von hier aus seinen Aufstieg zum Großindustriellen. Sowohl Dambacher als auch Sack verließen bald den beengten Standort im alten Ortskern und errichteten an der heutigen Karl-Heine-Straße größere Fabriken. Die Eisengießerei in der Alten Straße betrieb Gustav Mügge weiter, 1927 wurde sie von der Werkzeugmaschinenfabrik Pittler übernommen. Die 1999 sanierten Industriedenkmale wirken zwischen der Neubebauung der Alten Straße ein wenig aus der Zeit gefallen. Die Alte Straße bildete den alten Dorfkern von Plagwitz, allerdings deuten nur noch Breite und Verlauf auf ihre vorstädtische Anlage hin. In der Nr. 6 findet man das »Gosen-Schlößchen«. Das bis in die 1950er Jahre betriebene Gartenlokal wurde 2015 saniert und zu Wohnungen umgebaut.

43 | Ehem. Buntgarnwerke

»Da Vito« 11.30—23 Uhr, Gondelfahrten möglich

Die Weißenfelser Straße mündet in die Nonnenstraße, benannt nach dem Georgen-Nonnenkloster bzw. dem am gegenüberliegenden Ufer der Weißen Elster gelegenen Waldstück »Die Nonne«. Hier steht man unmittelbar vor dem größten gründerzeitlichen Industriedenkmal in Deutschland, den ehemaligen Buntgarnwerken.

In den 1850er Jahren bildete sich an der Weißen Elster die erste Industriegasse in Plagwitz, und Carl Heine begann mit den Ausschachtungen für den Kanal. Damit nahm die Entwicklung von Plagwitz zum Leipziger Industrievorort ihren Lauf. Die Anfänge des Großbetriebs legten Carl August Tittel und August Andreas Krüger, die 1875 in der Nonnenstraße 17 eine Dampffärberei eröffneten, die sie 1887 in die Sächsische Wollgarnfabrik AG umwandelten. In den darauffolgenden Jahren entstand nach Entwürfen namhafter Architekten (Ottomar Jummel, Pfeifer & Händel/Händel & Franke) eine 300 Meter lange, einheitliche Backsteinfront. In der Wollgarnfabrik fanden bald 2000 Menschen Arbeit, das expandierende Werk griff 1906/08 auf Schleußiger Gemarkung über.

Diese äußerst beeindruckende Szenerie, die von der 1878 über die Weiße Elster erbauten Karlbrücke (Industriestraße) aus zu bestaunen ist, sollte man sich keinesfalls entgehen lassen. Die roten Backsteinbauten erwecken durch die dekorative Fassadengestaltung und mehrere Dach- und Ecktürme einen schlossartigen Eindruck. Der Betrieb wurde 1952 volkseigen und 1969 mit der vormaligen Kammgarnspinnerei Stöhr & Co. zum VEB Buntgarnwerke vereinigt. Nach der Liquidation 1990 wurden die Fabrikgebäude an drei Investoren verkauft, die sie denkmalgerecht sanierten und zu hochwertigen Wohnungen (»Elsterlofts«) und Büroflächen umbauten.

Auch die gegenüberliegenden Fabrikgebäude wurden Anfang der 1990er Jahre zu Büroflächen und einem Ärztehaus umgebaut. Dabei handelt es sich um die 1878 gegründete Gummiwarenfabrik Phil. Penin, die 1926 von der Wollgarnspinnerei übernommen worden war. Von der Nonnenstraße aus ist das idyllisch an der Weißen Elster gelegene Restaurant »Da Vito« zu erreichen.

Pfeifer & Händel
Johann Ferdinand Pfeifer (1854–1894) und Oswald Händel (*1857) betrieben seit Anfang der 1880er Jahre ein Architekturbüro, zunächst in der Petersstraße 20, schließlich für längere Zeit im Bankhaus Becker am Augustusplatz. Nach dem frühen Tod Pfeifers trat Franz Franke in das Büro ein, das unter dem Namen Händel & Franke bis in die 1940er Jahre existierte. Unter den Mitarbeitern findet sich von 1889 bis 1899 Paul Möbius. Neben den Bauten der Wollgarnfabrik schuf das Büro 1894/95 Gebäude für die städtischen Elektrizitätswerke in der Eutritzscher Straße und in der Magazingasse. Auch die Erweiterungsbauten der Schokoladenfabrik Felsche in Gohlis stammten von Händel & Franke, ebenso das Rathaus Leutzsch (1903). Für Adolf Bleichert entstand 1890/92 die Villa Hilda (Heinrich-Budde-Haus, Lützowstraße 19).

44 | Museum für Druckkunst

Mo–Fr 10–17 Uhr, So 11–17 Uhr

Riverboat
Wenige Schritte von
der Nonnenstraße
entfernt, befindet sich
auf einer ehemaligen
Eisenbahnbrücke über
den Karl-Heine-Kanal
die Riverboat-Bühne.
Das vom Architekten
Manfred Denda 2003
entworfene Gebäude hat
die Form eines Schiffes
und diente bis 2008 als
Studio der MDR-Talkshow
»Riverboat« – die bis heute
beliebte Sendung wurde
ab 1992 von zwei auf der
Elbe in Dresden liegenden
Schiffen ausgestrahlt.
Nach dem Umzug des »Ri-
verboats« in die Media City
Leipzig stand das Gebäude
leer, bis es 2013 einen
Käufer fand. Seitdem
finden wieder kulturelle
Veranstaltungen im »Kul-
turhafen Riverboat« statt.

Wer sich für die Geschichte des Druckwesens interessiert, für den ist das Museum in der Nonnenstraße 38
ein Muss. Die 1908 erbaute Vierflügelanlage umschließt
einen Innenhof; 1915/17 wurde das Vordergebäude drei-
stöckig neu errichtet. Es beherbergte eine Lampenfabrik
(Weickart) und seit 1921 einen Verlag mit Druckerei (Karl
Meyer, seit 1954 VEB Offizin Andersen Nexö). 1922/23
wurde die Fassade im Stil des Art Déco umgestaltet.

Der Initiative des Tölzer Verlegers Ekkehart Schuma-
cherGebler ist es zu verdanken, dass es in Leipzig diesen
musealen Ort für die Geschichte der grafischen Gewerbe
gibt. Seit 1994 dokumentiert das Museum eine breite Pa-
lette historischer Techniken wie Holzschnitt, Schriftgießerei, Setzerei oder Buchbinderei. Im Museum können
die Besucher nicht nur historische Maschinen und Geräte
bestaunen, sondern auch die früheren Arbeitsgänge der
schwarzen Kunst live mitverfolgen oder diese in Kursen
selbst erproben. Neben der Dauerausstellung gibt es
wechselnde Sonderausstellungen zu allen Facetten des
grafischen Gewerbes.

45 | Ehem. Mey & Edlich

Die Nonnenstraße wird weiter nördlich von der Ernst-Mey-Straße gequert. Den Namen erhielt die Straße 1888, als ihr Namensgeber zwar erst 44 Jahre alt war, durch seinen Unternehmergeist aber bereits zum Ruhm von Leipzig und Plagwitz beigetragen hatte. Der sächsische Kaufmann Ernst Mey (1844–1903) hatte 1867 ein amerikanisches Patent für Papierkragen und Papiermanschetten erworben und eine eigene Produktion in Paris eröffnet; 1868 nahm er Bernhard Edlich als Teilhaber auf. Im Folgejahr verlegten Mey & Edlich ihren Firmensitz von der Seine an die Weiße Elster, wo 1871 im Gebäude einer Teppichweberei und Hutfabrik in der Nonnenstraße 5 die Papierwäsche-Fabrik ihren Betrieb aufnahm. Seit 1886 gab Mey illustrierte Warenkataloge heraus und wurde damit zum Begründer des Versandhandels. In Meys Todesjahr beschäftigte das Unternehmen etwa 2000 Menschen und genoss einen weltweit guten Ruf. Nach 1945 nahm die Firma ihren Sitz in München, die Betriebsteile in Leipzig wurden verstaatlicht. Der Schriftzug »Mey & Edlich« am 1907 fertiggestellten Fabrikgebäude, das 1998 zu Lofts und Gewerberäumen umgebaut wurde, zeugt von diesem bedeutenden Kapitel Leipziger Industriegeschichte.

46 | Könneritzbrücke

Leonce von Könneritz
1835–1890, Jurist und Politiker. Aus einer hohen sächsischen Beamtenfamilie stammend, absolvierte von Könneritz 1853–1856 in Leipzig ein Jura-Studium und schlug dann eine bedeutende politische Laufbahn ein. 1864–1874 wirkte er als Amtshauptmann von Chemnitz. 1876 wurde er Kreishauptmann von Leipzig, wechselte aber noch im selben Jahr als Finanzminister nach Dresden. In seine Amtszeit fallen die Einführung der Einkommenssteuergesetzgebung, das Anlegen zahlreicher sächsischer Eisenbahnlinien und die Verstaatlichung des Freiberger Erzbergbaus.

Auf den 23 Kilometern, die die Weiße Elster auf Stadtgebiet fließt, wird sie von circa 30 Brücken überquert. Die vielleicht schönste und bekannteste Elsterbrücke Leipzigs ist die Könneritzbrücke, die Plagwitz mit Schleußig verbindet. Carl Heine ließ an dieser Stelle 1872 eine erste, noch hölzerne Brücke errichten, um auch von Plagwitz aus direkt auf sein Grundstück in Schleußig zu gelangen. Der Bau der heutigen Brücke in Stahlfachwerk erfolgte in den Jahren 1896 bis 1899. Für Aufsehen sorgte die aufwändige Rekonstruktion 2002, als das technische Denkmal komplett per Kran herausgehoben und an einen anderen Ort zur Sanierung verfrachtet wurde.

Gleich neben der Brücke, am nördlichen Ende der Könneritzstraße, ließ sich Carl Heine 1874 als erstes Wohnhaus der Straße eine Villa im Stil der italienischen Renaissance errichten, in der er mit seiner Familie lebte. Die herrschaftliche Villa mit einem Grundriss von 460 Quadratmetern wird umgeben von einem über 2500 Quadratmeter großen Grundstück. Zu DDR-Zeiten befand sich in der Heine-Villa ein Jugendwohnheim. In den vergangenen Jahren wurde die Villa Heine denkmalgerecht saniert.

Über den Klingerweg gelangt man wieder zum Ausgangspunkt am Heine-Denkmal zurück. Der Weg führt
durch den nordwestlichen Teil des Clara-Zetkin-Parks.
Hier hatte 1897 die Sächsisch-Thüringische Industrie-
und Gewerbeausstellung stattgefunden. Nach dem
Ende der Ausstellung erfolgte die Anlage eines Stadt-
parks, der nach dem Landesfürsten König-Albert-Park
genannt wurde.

Nur ein Gebäude befindet sich am Klingerweg: ein
Bootshaus. Es wurde 1904/1905 vom Architektenbüro
Schmidt & Johlige als neues Vereinshaus für den Ruder-
verein »Sturmvogel« erbaut. Dieser Verein war ausge-
sprochen großbürgerlich, zu seinen Mitgliedern zählten
z. B. die Familien der Fabrikanten Sack und Blüthner, der
Bankiers Kroch, Carl Heines und sogar Kronprinz Fried-
rich August III. Ruderinnen durften erstmals 1932 in den
Verein eintreten. 1954 wurde im Gebäude der Ruderver-
band der DDR gegründet. Seit 1950 diente das Haus den
Kanuten des Sportclubs DHfK e.V. als Trainingszentrum.
Zahlreiche Spitzensportler der DDR gingen aus dem
Verein hervor. 1990 gründete sich im Vereinshaus der
sächsische Ruderverband.

Register